ボスフォラスを越えて

激動のバルカン・トルコ地理紀行

鈴木康弘

風媒社

ボスフォラスを越えて——激動のバルカン・トルコ地理紀行

目次

プロローグ

ボスフォラス海峡は黒海とマルマラ海をつなぎ、アジアとヨーロッパを隔てる。イスタンブールは海峡のヨーロッパ側にあり、長い歴史と多様な文化を織りなしている。一九八八年に当時二〇代後半だった私は、この地を日本・トルコ共同の活断層研究のために訪れ、その合間に、アナトリア高原や地中海沿岸の魅惑的な文化、悠久の大地、心優しい人情に魅了された。そして調査終了後にひとりでバルカン半島へ行き、ドナウ川を遡った。

その直後、バルカン半島では革命が起き、社会主義体制が崩壊して一気に民主化が進んだ。九〇年代後半には日本とトルコで大地震が起きた。世界が一変するほどの大きな社会変動が進んだ。一九八九年東欧革命、九五年神戸の大震災、九九年イズミット・コジャエリ大地震、二〇一一年東日本大震災、二〇一六年トルコ軍部のクーデター未遂、二〇二〇年の新型コロナのパンデミック……。世紀末を挟むこの三〇年間はまさに激動期だった。

二〇世紀末のトルコの大地震は我々のかつての調査地で起きた。大規模な活断層があり、そこで地震が起きる可能性があるとわかっていたからこそ調査してきたのに、科学の成果を被害軽減に役立てることができなかった。何のための活断層研究だったのか。かつて何十日間も寝起きをともにして調査を行った親友、ムスタファ、アリ、シェリフたちは大地震で何を思っただろう。私は被災したトルコを見る勇気が出ず、その後、トルコを再び訪れることはなかった。

かつてトルコで一番お世話になったのはボアジチ大学のイシカラ教授だった。イシカラ先生は私に会う度に「こら、鈴木〜…」といってからかったが、目の奥には優しさがあふれていた。大地震後は社会に対して、近い将来イスタンブールが地震に襲われる危険性があることを熱心にテレビで訴え、デプレム・デデ（地震じいさん）の異名をとったという。そのテレビ映像は日本にも流れ、私はテレビ画面で再会を果たしたが、二〇一三年にお亡くなりになった。お礼を伝える機会を逸してしまったことが悔やまれてならない。

二〇一九年の秋、私は約三〇年の沈黙を破って再びイスタンブールを訪れた。なにも変わらないように見える古都の街並みにも大きな変化があった。そして思い出の場所をたどりながら、かつて一緒に調査をした友人たちと旧交を温めた。今思えばそれは新型コロナ感染症の世界的なパンデミックが起きる、ほんの数カ月前の奇跡的なタイミングだった。

この本は、古都イスタンブールの長い歴史においてはほんの一瞬に過ぎないが、我々にとっては激動の三〇年に思いを馳せる旅行記である。序章はイスタンブールを再訪するまでの経緯を述べる。第一章と第二章は、約三〇年前に私が書いた、一九八八年のトルコ滞在記とバルカン半島放浪記「ボスフォラスを越えて――アジアとヨーロッパのはざまの光景」（古今書院「地理」一九八九年八月号～一九九〇年一二月号掲載）に基づいている。そして第三部では、二〇一九年のイスタンブールを歩きながら、世紀末を挟む三〇年間の激動を振り返り、これからのトルコと日本の友好へ思いを馳せる。

私にとっての三〇年間は、自然と人間との関係を探る自然地理学者として、活断層と地震防災を考え続ける日々でもあった。活断層は地球の息吹。その動きが、気の遠くなるほど長い年月をかけて大地を造り、そこで人々は暮らしてきた。動くたびに地震が起きる。古都イスタンブールは幾度となく大地震に見舞われ、その都度、復興した。地震との共存の糸口は活断層にあるのではないか。それを真面目に研究しようというきっかけを、私はトルコからもらった。

トルコ周辺を旅して、異国の風土と文化に魅了された。帰国後に「どんなところだった？」とたびたび尋ねられ、それに答えるために紀行文を書こうと思った。

地理紀行は単なる個人的な経験談ではなく、その土地の成り立ちを踏まえ、時空を超えて、その場所の風や香りや人々の営みを語り、感動と魅力を伝えるものである。その記憶は三〇年経っても色あせず、一生の宝になった。

東欧革命関連年表

1985年	ソ連 ゴルバチョフ政権「ペレストロイカ」
1986年4月	ソ連 チェルノブイリ原子力発電所事故
1988年3月	ソ連 新ベオグラード宣言、ブレジネフ=ドクトリン否定
（1988年9月	本書のブルガリア・ルーマニア・ハンガリー紀行）
1989年1月	ハンガリー 複数政党制
1989年3月	ソ連 連邦人民代議員選挙
1989年4月	ポーランド 円卓会議で「連帯」合法化
（1989年5月	中国天安門事件）
1989年6月	ポーランド「連帯」圧勝　ワレサ大統領就任
1989年8月	バルト三国「人間の鎖」
1989年9月	ポーランド「連帯」マゾビエツキ政権成立
1989年9月	ハンガリー・オーストリア国境開放
1989年10月	東ドイツ ホネカー書記長解任
1989年10月	ハンガリー共和国憲法
1989年11月	ベルリンの壁崩壊
1989年11月	ブルガリア政権交代
1989年12月	米ソ首脳 マルタ会談で冷戦終結宣言
1989年12月	ルーマニア チャウシェスク大統領夫妻処刑 ルーマニア革命
1989年12月	チェコスロヴァキア ハヴェル大統領選出 ビロード革命
1990年10月	ドイツ統一
1991年6月	内戦によりユーゴスラヴィア解体
1991年12月	ソ連解体　エリツィン大統領
1992年	ボスニア・ヘルツェゴヴィナ紛争
1993年	チェコとスロヴァキアの分離
1993年	EU発足
1994年12月	ロシアがチェチェン侵攻
1998年2月	コソヴォ紛争（～1999年6月）
2000年	ロシア プーチン大統領就任
2004年5月	ポーランド、チェコ、スロヴァキア、ハンガリーなど EU加盟
2007年1月	ルーマニア、ブルガリアEU加盟

序章　時は流れて［2019］

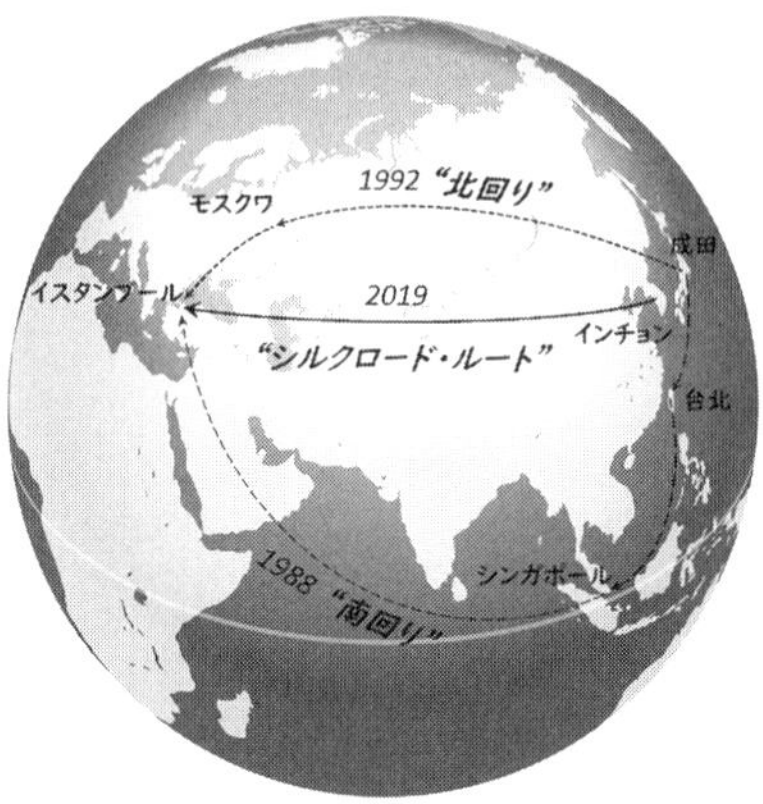

図１：日本からイスタンブールへの空路の変遷

（1）シルクロード・ルート

韓国のインチョン空港を真夜中に飛び立ったイスタンブール行きのトルコ航空九一便は、二〇一九年九月一五日未明、シルクロード上空を西へ向かって飛んでいた。機内のナビゲーション画面にウルムチの文字が見える。今頃、地上はタクラマカン砂漠なのだろう。

トルコへ行くのは一九九二年以来、二七年ぶりである。その四年前の八八年に私は最初にトルコを訪れ、それが初めての海外旅行だった。鮮明な印象は今も心に深く刻まれている。

一九八八年に最初にトルコへ行った時は、成田空港からシンガポール航空の南回りだった。途中で台北空港にも立ち寄った。着陸前には機外の写真を撮らないようにという放送が入り、治安体制の異なる緊張感を感じた。着陸後、ターミナルビルへ出されると、窓の外には椰子の木が揺れていた。再び搭乗して数時間後にシンガポールのチャンギ国際空港に着き、数時間のトランジットを経て、夜になって中東上空を飛ぶ南回りのイスタンブール便に乗り継いだ。その四年後の二度目のトルコは、八九年に成田に就航したトルコ航空の北回り航路だった。給油のためモスクワに立ち寄り、機内から亜寒帯の森を眺めてからイスタンブールへ向かった。

それから二七年を経た今日の航路は、北回りか南回りかどちらかなとふと考えたが、今はもう「ど真ん中」を行くようになっていた（図1）。航空事情もずいぶん変わったものだ。また、かつては、どこを飛んでいるのだろうかと頭の中に地図を思い浮かべ、想像力を働かせながら長旅をしたものだが、今はナビゲーションマップが教えてくれるようになっている。

インチョン乗り継ぎにも時の流れを感じる。日本の航空行政がもたもたしている間にインチョンが成田や羽田をしのぐ立派なハブ空港になり、名古屋からならインチョン経由でイスタンブールを目指すのが最短コースになった。

思えばこの三〇年近く、私はトルコのことを封印してきた。彼の地の激動については時おり気になり、もう一度行きたいと何度も思ったが、お金と時間を言い訳にしてきた。一九九九年の地震はかつての調査地域で起きたのだから、地震調査の機会がないわけではなかったが、正直なところ被災地へ行って傷ついたトルコを目の当たりにするのが怖かった。しかし、このままでは三〇年前の出来事が単なる思い出になってしまう。感傷を抑えて、とにかく行こうと決心した。

ところで、出発前のインチョン空港には異国情緒があった。トルコ航空の搭乗口はトルコ人で賑わい、機内に乗り込むと母音の多いトルコ語の優しい響きにつつまれた。真っ赤な制服のトルコ航空のフライトアテンダントは、人なつっこい笑みをたたえている。トルコ語でわいわい盛り上がりながらトルコ人のおじさんたちが乗り込んでくる。乗客のおよそ四割は韓国人でツアー客も多そうだ。そのほか三割がトルコ人、三割が他国人という感じだろうか。乗客はインターナショナルであり、インチョンが世界のハブ空港になったことを示している。この日の夜、インチョンからは二便がトルコへ飛んだ。

前方のビジネスクラスでは、料理人の白いユニフォームと帽子を身につけたスタッフがサービスしている。我々のエコノミークラスに届けられた食事も、韓国からにもかかわらずトルコ食材が並んでいる。温かいパン、トマト、チーズ、オリーブ。地中海の香りがする。フライトアテンダントの機内サービスはあっさりしているが、応対に温かみがあった。

インチョンを出てイスタンブールまで一〇時間はずっと夜。日本時間では深夜なので、心地よい疲労感の中で眠りに落ちた。ふと目覚めると、明かりの消されたキャビンの中にナビゲーションの画面が光り、飛行機が黒海上空を飛んでいることを示していた。地図にはトラブゾンやアンカラなど、トルコのアナトリア地方の地名が示されている。

やがてマルマラ海の地図が映し出され、イズミットの地名が表示された。一九九九年にはここで大地震が起こってしまった。今回はそこを再訪しようとしている。

（2）激動の三〇年

そろそろ到着かなという頃、これまでの三〇年間のさまざまなことが思い出された。

一九八八年に私は初めてボスフォラス海峡を見た。アジアとヨーロッパを隔てる海峡として名高いが、その幅は一キロほどしかなく、対岸はすぐそこに見える。両岸で民族や言葉が異なるわけでもなく、一緒に調査したボアジチ大学の研究者たちも毎日バスで行き来していた。二〇代後半だった私は大学連合の活断層調査隊の一員として派遣され、海峡のアジア側の小高い丘の上にあったボアジチ大学のカンディリ地震観測所に滞在し、この海峡を毎日見下ろしていた。そこで数日間準備をしてから、トルコ人のムスタファやアリたちと一緒にアナトリア地方へ調査に出かけ、そこでひと夏を過ごした。

そして調査終了後、私はひとりで調査隊を離れ、バルカン半島へ向かった。ブルガリア、ルーマニア、ハンガリー。それぞれ言葉も民族も違う。ブルガリアはスラブ系、ルーマニアはラテン系、ハンガリーはマジャール。国と国との間には歴史上さまざまな抗争もあり、トルコはオーストリアまで攻め入ったこともあった。国境管理はどこも厳しくひやひやした。

そのバルカン半島の社会情勢は一九八九年に一変した。一一月にベルリンの壁が崩壊した後、東欧各国で民主化が一気に進行した。共産党の一党支配が終わり、一二月のルーマニア革命ではチャウシェスク首相が処刑された。今思えば、一九八六年のチェルノブイリ

写真1：ルーマニア革命（時事通信 1989 年 12 月 24 日）

原発事故後、トルコ周辺地域の不安定化は始まっていた。八八年のバルカン半島は、まさに革命前夜だった。

　思えばこの後、日本も世紀末の激動を迎えた。一九九五年一月一七日、平和そのものだった神戸の街が、活断層が引き起こしたマグニチュード七・三の大地震で壊滅した。日本では、こうした活断層地震は、一九四八年の福井地震以来、四七年間も起きていなかった。私は活断層を研究していたので、歴史上、活断層が繰り返し大地震を起こしてきたことを知ってはいたが、被害と悲劇の大きさは想像を遙かに超えていた。私たちは、神戸の街の下に未発見の活断層があることを明らかにしたが、地震後にそのような調査をしても被災者にとって何の役にも立たないという無力感を味わった。また、単なる興味だけで活断層を研究していてはいけないと痛感した。

　この年の五月二八日には、サハリン北部でもマグニチュード七・六の大地震が起き、翌月には現地調査に訪れた。ツンドラ地帯の大地には一直線に伸びる活断層が見つかり、こ

写真2：イズニック周辺の村で調査中に子供たちに囲まれる（1988年7月）

れに沿って大きなリュックを担いでロシア人研究者と一緒に調査した。熊の足跡におびえながら、キャンプをしながら断層のずれを計測して歩いた。断層上では樹木の根も引き裂かれ、最大八メートルもずれていた。

断層に近い石油採掘労働者の街ネフチェゴルスクは、人口三千人のうち二千人を失い、立ち入り禁止になり、消滅しようとしていた。

一九九九年八月一七日には、トルコのコジャエリ県イズミットでマグニチュード七・六の大地震が起きた。震源はまさに我々の調査地域内であり、そこで一万七千人が亡くなった。我々の調査の目的は地震発生予測だったのに、被害軽減に貢献できなかった。我々が現地で調査していると、ニコニコ笑いながら集まって来て一緒に記念撮影をした少年少女、集落の入り口にあるチャイハネ（お茶屋）で話しかけてくれた老人たちの消息は知る由もない。

トルコの社会情勢はその後も大きく変わった。二〇〇七年には大統領が国民投票で選出されるようになり、二〇一七年には大統領権限が強化され、議院

写真3：ムスタファと（1988年7月）

内閣制が廃止になった。イスタンブール大学をはじめとする有名大学が分割されるなど、国立大学をめぐる状況にも大きな影響が出たと聞いている。

ムスタファやアリは元気だろうか？　若かったあの頃、イスタンブールの街角や、ボスフォラス海峡を見下ろす丘や、アナトリア地方の調査地で、毎晩のように語り合ったことが、ついこの前のことのように思い出される。

第一章　悠久のトルコ［1988］

いつの時代も多かれ少なかれ社会変動があるが、二〇世紀末のトルコ周辺の社会情勢は、一九八六年チェルノブイリ原発事故、八九年東欧革命、九九年イズミット・コジャエリ大地震、その後の政変などにより大きな影響を受けている。しかしながら古代から続くトルコの悠久の歴史、文化、風土や人情は変わらない。本章は筆者がまだ二〇代後半だった一九八八年の滞在記である。街の雰囲気は今も同じだが、登場人物だけは確実に歳をとっている（文中の肩書きや年齢は当時のまま）。

1　ボスフォラス海峡との出会い

（1）カンディリの丘

ボアジチ大学のカンディィリ地震観測所は、ボスフォラス海峡に臨む、アジア側の小高い丘の上にあった。眼下に横たわる海峡から吹き上げてくる初夏の明け方の風は、涼しく心地よい。イスタンブール空港に夜明け前に到着してから、二時間がたっていた。

空港に降り立ち、空港前で経験したけたたましい車の騒音とほこり、ほんの少し白み始めた夜明け前の自動車道路から見たモスクのシルエット、ボスフォラス海峡をヨーロッパ側からアジア側へ渡りながら東の空に見た下弦の月、そしてこの場の静寂と眼下の海峡。なにもかもがあまりに幻想的だった。

私は、日本とトルコの地震予知に関する共同調査に同行して、トルコに渡航する機会を得た。日本側メンバーは、地球電磁気学専門の東工大・本蔵義守助教授（当時、以下同様）、鳥取大・宮腰潤一郎教授、日大・大志万直人助手、東工大大学院生・松島政貴氏、地震学専門の京大・飯尾能久助手、西上欽也助手、それに地形学専門の東大・池田安隆助手と私（東大大学院生）の計八人であった。このうち本蔵助教授と宮腰教授を除く、平均年齢三一歳の若手六人が先発として、この日、一九八八年七月初日、イスタンブール空港に到着した。

空港では、トルコ側メンバーのボアジチ大学イシカラ教授らが出迎えてくれた。トルコでは大学教授は大変権威があって、そのおかげで、我々は荷物チェックも何もなく、文字通り無事に入国手続きをすませることができた。それが何なのかわからないけれど、なんとなく雰囲気が違う異国にきたという感動はこの時から始まっていた。

空港からは、大学の官用車に分乗して、現地調査に出発するまでの当面の宿となる、ボアジチ大学のカンディィリ観測所のゲストハウスに案内された。宿舎は、海峡に面する、白壁作りのこぢんまりとした落ち着いた雰囲気の建物だった。「ボアジチ」とはトルコ語で海峡を意味した。

ベランダからは、夏枯れの始まりかけた草原越しに、ボスフォラス海峡とそれにかかる架橋が見える。そんな光景にしばし見入っていると、トルコ式にポットで沸かしたチャイ

（紅茶）の香りが室内に満ちはじめ、フランスパンに近い形をした焼きたてのパン（エキメキ）と、羊の乳から作ったチーズとオリーブの実が、朝食として、白いテーブルクロスのかかった机に並べられた。テーブルの中央には真紅なダリアの花が飾られ、白一色の室内に映えている。そんな簡素ながらも温かみのあるテーブルの向こうには、黒っぽい髪に口ひげをたくわえたトルコ人が座っていて、時差ぼけの効果も手伝ってか、映画「ひまわり」の一シーンをみているような錯覚を拭いきれない。

朝食後、カンディィリの研究室を訪れると、数人のトルコ人研究者が出迎えてくれた。バラミル副所長とジェミル助教授、大学院生兼助手のムスタファ、アリ、シェリフ、それに女性スタッフのオーヤ、ナーズ、ヌルジャンらだった。これから二カ月間、彼らと調査を一緒に行うことになるが、いつもファーストネームで呼び合うために、ついにそれしか覚えることができなかった。会う度に「メルハバー　ナスルスヌス？（やあ！　ごきげんいかが？）」と声をかけてくれる、陽気で心優しい人たちだった。

（2）海峡沿いの風景

カンディィリ観測所は丘の頂上に立っていて、草地や林に囲まれていたが、丘の中腹あたりでは盛んに開発が進められていた。海峡に面するこの辺りは、新たな高級住宅地化が急ピッチで進んでいる。聞くところによると、一戸建ての屋敷一軒の値段は、数億から十数億円とのこと。公務員の給料が、日本の約五から一〇分の一ということを考えると、屋敷の値段は、けた違いに高額である。決して裕福とはいえないこの国に、それを買うことのできるほんの一握りの金持ちがいるのだろう。

写真4：カンディリの丘の宅地開発、遠方に前日完成した第2大橋が薄っすらと見える（1988年7月4日撮影）

観測所から二〇分ほど坂道を下ると、チェンゲルキョイの街に出る。ボスフォラス海峡のアジア側には、海峡に面して、チェンゲルキョイやウシュクダールなどの古い家並みを残した街が多い。街道は海峡に沿って、海面とあまり大差のない高さを通っているため、街道から海峡を見ると、丘の上から見るよりも広く大きく感じる。海峡には大型の貨物船や軍艦が頻繁に通過するのが見え、国際航路であることを実感する。

街道沿いには多くの店が軒を並べる。昼頃オーヤさんに連れられて買物に出ると、自分のまわり三六〇度がトルコ人の雑踏でなにもかも楽しい。全然わからないトルコ語、興味深そうにこちらを見つめる深い輝きをもった目、雑踏の人いきれ、果物屋の店

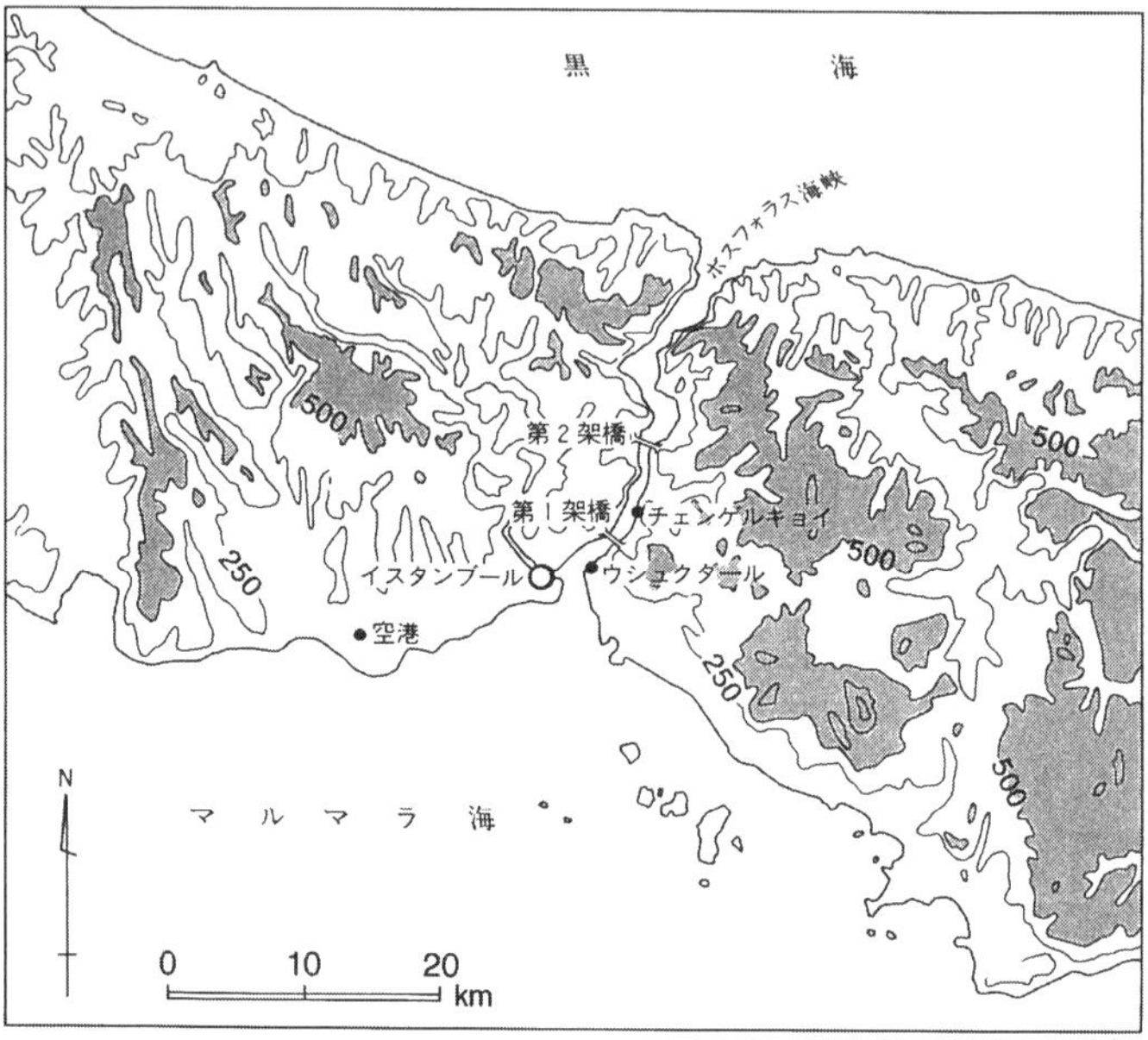

図2：ボスフォラス海峡周辺図（1988年、等高線は250ft＝約76m間隔）

先のさくらんぼの香り、食べ物屋から流れてくる肉料理の匂い、そんなものが私をまるごと包んだ。

街は船着場を中心にしている。多くの人々が海峡を横断してヨーロッパ側へ渡ったり、縦断して北は黒海、南はマルマラ海沿岸の街へ渡っている。バス路線が整備され、ヨーロッパ側へもボスフォラス大橋を越えて行くことができるようになっているが、道路の交通渋滞や鉄道路線の不備などの事情も手伝って、今日でも海上交通が重要な役割を担っている。

船着場には商売の荷物を担いだ人や、子供を抱えた婦人や、通勤途中の男性など多くの人々が集まっていた。

チェンゲルキョイから隣接する他の街へ移動するには、タクシー、バスのほか、ドルムッシュと呼ばれる九人乗りの乗合タクシーがある。ドルムッシュは庶民的な乗り物で、

写真5：ボスフォラス第１大橋をくぐる軍艦

写真6：ウシュクダルの店で

料金はかなり安い。しかし観光客用ではないので、乗る要領は難しい。道端で手を挙げて、空席があれば乗せてもらえるが、料金メーターがあるわけでなし、どうやらあうんの呼吸があるらしい。オーヤさんに伴われて乗ってみると、九人乗りの室内には、子供連れの白いベールをかぶった婦人が三列目の座席に乗っていた。車は、日本でならクラッシックカーともてはやされるような代物で、少々窮屈だったが、相乗りもまた楽しかった。しかし残念なことに、乗り方の難しさから、この後は専らタクシーを使ってしまい、ドルムッシュに乗る機会はもうなかった。

イスタンブール以外では日本人は珍しいので、街中でよく声を掛けられる。英語を話す人は多くなく、また我々も失礼なことにトルコ語はほとんど理解できないので、会話のほとんどがジェスチャーによるものとなる。それでも、彼らは愛想たっぷりに、よく話しかけてくれる。何人かと話して共通して出てきた話題は、「橋を造りに来たの？」というものだった。ちょうどこの頃、日本の技術協力によって、全長約一キロメートルの吊橋、第二ボスフォラス大橋が完成した。その開通式の日（七月三日）を間近にしていたため、トルコ人の多くが関心をもっていた。ボスフォラスに架かる橋は、これまで一五年前にイギリスの協力によって造られたものただ一つだけだったので、交通渋滞はすさまじかった。夜六時から九時までは大型車両は通行止めになるほどである。そのため、第二架橋に対する期待は大きく、日本の協力に素直に感謝し、技術に対して賞賛を贈ってくれているようだった。トルコ人の対日感情は大変よいと聞いていたが、確かにそうだった。中央アジアに源を発するアジア民族であるという認識が、人々の中に強くあるようで、ある老人は、「トルコはアジアの西の端、日本は東の端」といって仲間意識を披露してくれた。この友情をいつまでも大切にしたいものだと、トルコ人の屈託のない笑顔に思った。

（3）海峡沿いのロカンタにて

チェンゲルキョイの街の船着場の近くには、海峡に面する広場があって、そのとなりに、屋外にテーブルを並べる魚料理のロカンタ（レストラン）が並ぶ。我々日本人は、なぜかそこへしばしばいざなわれてしまう。肉料理文化圏に来て、自分が海洋民族であることを改めて感じる瞬間である。日本ではこんなに魚に釣られないのにと不思議に思うくらいである。

魚はボスフォラス海峡でもとれるが、魚屋の店先に並ぶのは、おもに黒海とマルマラ海でとれたものらしい。いわしサイズからはまちのサイズまでいろいろあった。

ロカンタで魚を注文する時は、魚のトルコ語名はもちろんわからないので、魚に詳しい同行の池田さんが水槽まで見に行って、魚の面をみて指名するといった具合だった。さらに時には、オイルは使わず塩だけ付けて焼けだのと、なんとも注文の多い客だった。どうやらトルコでは、魚は日本における牛肉（内陸部に行ったらもしかするとエスカルゴ）のよ

写真７：チェンゲルキョイの魚料理ロカンタ

うな存在らしく、魚料理屋の値段はかなり高い。それでも魚の料理法はあまり発達していないらしく、オイル焼きかフライにするのがせいぜいで、ついぞ「旨い！」という魚料理には出会わなかった。

　見かけない日本人であるばかりでなく、こんなふうにうるさい客だったため、ロカンタのウェイターは我々のことをすぐに覚えて、翌日から、チェンゲルキョイの街に行く度に呼び止められるようになった。日中会うと、ガラスの小さめのグラスに入れたチャイをごちそうしてくれたりもした。

　ロカンタに座ると、決まって注文するのがビールで、そのうち黙っていても向こうから「ビラ？（ビールかい？）」と尋ねてくるようになる。私の覚えた最初のトルコ語は、毎日数回、自発的に反復練習する「ビライスティヨルムー（私はビールが欲しい！）」だった。

ボスフォラスの海は潮の香りがしない。そのため、ふと、目の前に海があることを忘れてしまう。けれど確かに、毎日、ヨーロッパの大地を目の前にして、アジアの東端から来た男たちが、ビールグラスを傾ける構図がそこにあった。

サマータイムのせいもあって、日没は九時近くだった。日中は日差しが強いため、外出する人はあまり多くないようだが、日没の頃になると、待ちかまえたように、老若男女を問わず下町に出てくる。まるで毎日が村祭り、といった感じだ。もしかするとイスラム教徒であるため、女性が白昼堂々と人前に出ることに、ためらいがあることも影響しているのかもしれない。

写真8：日本側メンバーの晩餐

下町は夜遅くまで賑わっていた。トルコ料理に舌鼓を打ち、ビールに酔いしれてから、翌朝のパンと、さくらんぼなどの果物を買って、住処であるカンディリ観測所への坂道を上がるのが日課であったが、夜更しをしてパン屋が閉まってしまい、翌朝の朝食を棒に振ることも度々だった。

写真9：カンディィリ観測所からイズニックへ出発

2　北アナトリア断層の謎を追って

(1) イズニックへ

トルコにおける地震予知を目的とする我々の北アナトリア断層調査隊は、地震班、地球電磁気斑、地形地質班から組織された。それぞれが日本から別送した地震計や各種測定・測量機器を、ボスフォラス海峡沿いのボアジチ大学で整備点検し、数日が過ぎ、いよいよ調査に出発する日を迎えた。

七月上旬のその日は快晴で、早朝から各自の「武器」と荷物を大学のジープに積み込み、十数人乗りのミニバス（マイクロバス）二台に分乗して、宿舎にしていたボアジチ大学のカンディィリ観測所をあとにした。この日出発したのは日本人とトルコ人あわせて十二人で、平均年齢は三五歳を下回った。これから二カ月間、若さあり余るちょっと危ないメンバーによる調査が始まる。目指すは、イスタンブールから南東に直線距離で約一〇〇キロ離れたイズニックである。

ここで今回の調査について概略を紹介したい。

トルコはアルプス・ヒマラヤ変動帯に位置し、地震の多発地帯となっている。大局的にみると、アフリカプレートとユーラシアプレートが押しあっていて、これが地震発生の原因となる。しかし詳細に見るとトルコ付近のプレートの配置は複雑であり、トルコは北アナトリア断層によって、北部がユーラシアプレート、中部から南部にかけてはアナトリア（マイクロ）プレートに分かれている。この二つのプレートは移動の方向が異なるため、境界である北アナトリア断層を境にずれが生じ、これがトルコにおける主な地震の発生原因になっている（図3）。

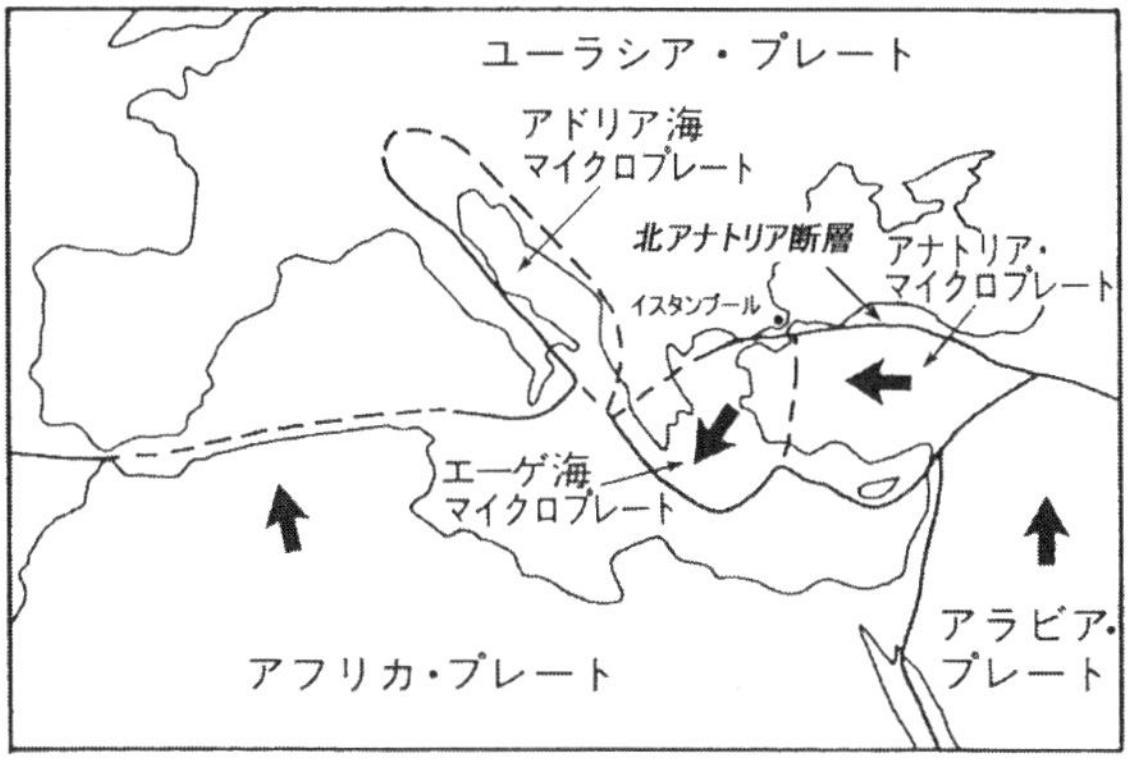

図3：地中海周辺のプレート分布
（矢印はユーラシアプレートに対する相対運動の向き）

一九三九年にアンカラの東五〇〇キロのエルジンジャンで、北アナトリア断層の活動によってマグニチュード八の大地震が発生した。この時、断層はこの付近で右ずれ（断層を隔てて向こう側が右のほうへ数メートル移動する）変位を起こした。

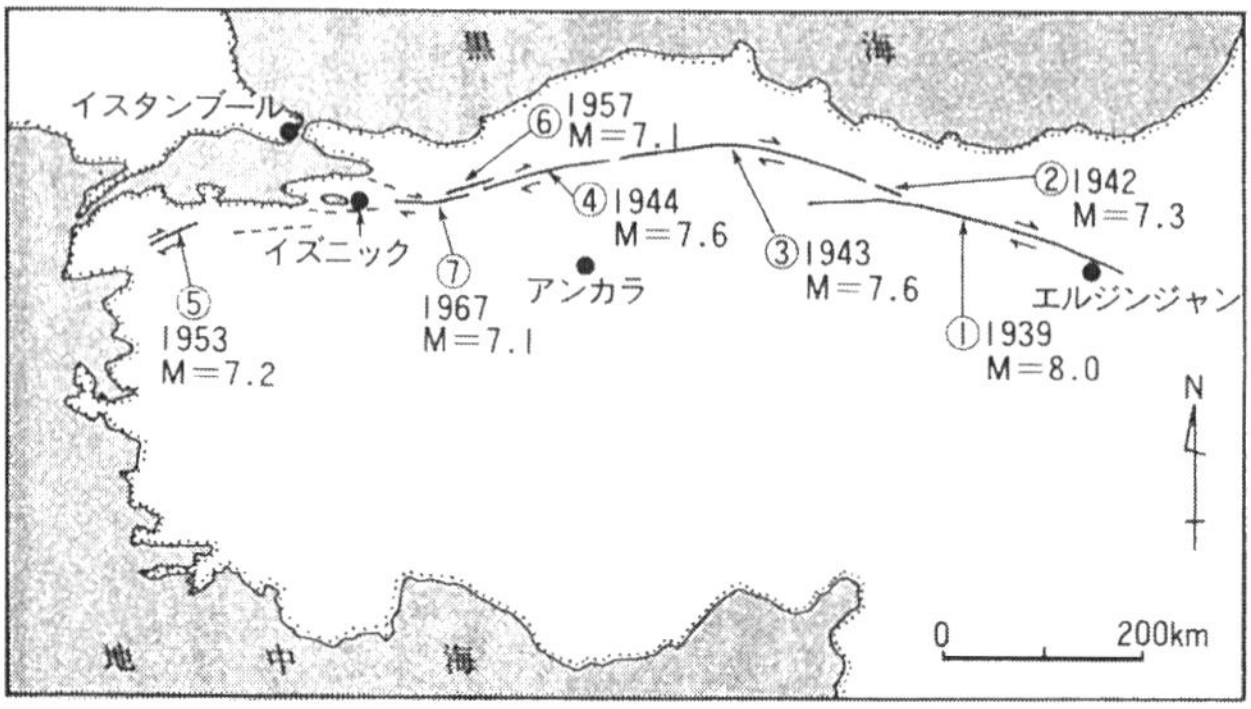

図4：北アナトリア断層に沿う1988年以前の大地震
(⑦より西で1999年に地震が起きた)

その後、このような地震は徐々に西方へ移動し、マグニチュード七クラスの地震が一九六七年までに七回起こった（図4)。

北アナトリア断層沿いに、一九三九年以降に地震が起こった地点を塗りつぶしていくと、西部地域に空白ができる。とくにイズニックでは、一〇六四年以降大きな地震は起こっていないという。このことから、この地方では近いうちに地震が発生する危険性が高いと考えられる。

付近には、臨海工業地域を抱えるイズミットや、トルコで五番目の人口をもつブルサなどの都市があり、ひとたび地震が起これば、大きな被害が出ることが予想される。そのため何とか地震発生を予知して、被害を最小限にくい止めようと、トルコではボアジチ大学をはじめ、いくつかの機関が地震予知計画を進めている。日本からもこれに協力し、地震空白域の謎を解明したいというのが研究の目的であった。

地震班は地震計を数カ所に設置し、北アナトリア断層に、どんな小さな地震も逃がさない観測網を張り巡らす。これにより断層の活動を詳しく知ることができ、活動度の変化を追うことができる。

写真 10：イズニック周辺の調査地の風景

一方、地球電磁気班は、地下の断層沿いに入り込んでいる、周囲とは異なる物質を、地磁気の乱れを計測することによりとらえる。このような断層沿いにある特異な物質、あるいは断層沿いに上昇するラドンガスなどは、地震発生の前には異常を起こすことも予想されるために、これらを指標にして地震の前兆現象を見つけようとする。

地形地質班は、断層の正確な位置を数メートル未満の誤差で決定し、これを横切る溝を掘って断層を露わにする。そして、その断層が過去にどれくらいの周期で大地震を伴う活動をしたかを明らかにし、将来の地震の切迫ぐあいを推定する。

以上の各班の成果を総合して、北アナトリア断層西

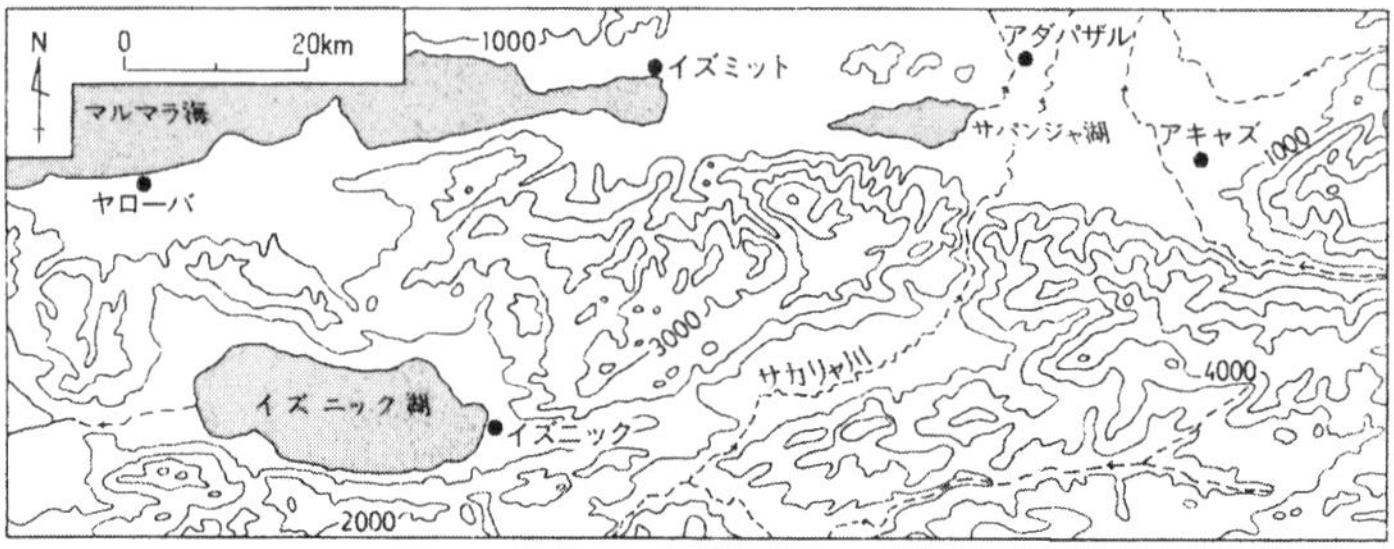

図5：調査地域周辺の地形（等高線間隔は1000フィート＝約300メートル）

部の地震空白域（イズニックならびにイズミット周辺）において、地震予知をしたい。もちろん、短い調査期間中に地震直前の前兆現象が起こるとは思われない。この地域の活断層がどの程度の活動度をもっているか、また、地震前にはどのような前兆現象が起こるかを明らかにすることで、トルコの地震予知に役立ちたいというのである。

地震研究のレベルは、地震の発生頻度に比例するのであろうか、日本はトルコよりも地震予知研究という面ではそれなりに進歩しているようである。

(2) イズニック湖畔で

午前中にボスフォラス海峡沿いのカンディリ観測所を発った我々は、夕方、イズニックの宿舎に着いた。夕方といっても日没が九時頃のため、日はまだかなり高い。部屋の窓からはイズニック湖の湖面がすぐそこに見える（図5）。

宿舎は、淡水湖であるイズニック湖から取水しているDSİ［トルコ語は大文字のアイにも点をつける］（水道局）の敷地内にある保養施設で、湖畔に立つ、白壁と淡い褐色の煉瓦が美しく調和した建物だった。これから二カ月間、ここを拠点に東方へ一〇〇キロ、西方へ四〇キロ駆け回って調査が行われる。

日の入りを眺めながら、湖に面するベランダで夕食が始まった。これから長い付き合いになるトルコ人スタッフと一緒に、大きいテーブルを囲っての会食だ。最初のうちは、まだ気心が知れていないのと、英語でしか意思疎通ができないことから、多少緊張もしていた。加えて、明日からハードになりそうな調査を思うと、張りつめた気持ちにもなっていた。地震班は、地震計をどこに設置するかで、早くも日本対トルコの論争を始めていた。

それでも、夕日が完全に沈んで、夜空が星でいっぱいになった頃には、打ち解けた雰囲気になっていた。湖上から吹いてくる涼しい風に吹かれながら、何杯目かわからなくなったビールに心地良く酔って、いつの間にか、同い年のアリやムスタファたちともすっかり友達になった。そして話題のほうも、調査の話から、いつの間にか女性の話に変わっていた。

一夜明けて、いよいよ調査が始まった。朝八時半に宿舎のとなりのＤＳｉの事務所前に集まる。タクシー数台とミニバスを借り切って、各班に分かれてそれぞれ別の調査地へ向かうことになった。

昼食は弁当で、一人一つずつビニール袋に入れてくれた。中には、フランスパンのよう

写真11：イズニックの宿舎前で日本側調査メンバー勢揃い（左から、本蔵隊長、松島、西上、筆者、池田、大志万、飯尾の面々）

なパン四分の一とキョフテ（羊肉のハンバーグ）とチーズとトマトとキュウリが入っていた。

乾燥しているために朝の空気は涼しい。それでも、「今日も頑張るぞ！」といわんばかりの太陽が、徐々に日差しを強めつつあった。現地の人やタクシーのドライバーとコミュニケーションする必要があるので、トルコ人と日本人が必ずペアになった。

毎朝、まるで働き蜂のように班ごとに散り散りにＤＳｉを離れ、夕方、日没までに舞い戻る。そして、その日の収穫をお互いに誉め讃えたり、失敗を一緒に悩んだりする。そんな毎日が繰り返された。

七月から八月は、ちょうど地中海性気候の盛夏にあたり、連日快晴。しかも日の入りが夜九時頃のため、ハードな調査時間が、うれしくて涙が出るほどたっぷりと確保された。

（3）古都イズニック

イズニックは古い城壁に囲まれていた。東西南北四方に門があり、道路はここから街中へ入る。いかにも古い街の雰囲気だ。道路は石畳で舗装されているが、狭い路地に入ると

写真12：イズニックの街を囲む城壁
（1.5mくらい土に埋もれている）

写真13：イズニックの家並み（城壁の外に農園が拡がる）

少しほこりっぽい。ほとんどの建物が、飾り気のないかなり古いものだ。リゾートタウン的なDSiには、どことなくヨーロッパ的な雰囲気もあったが、イズニックの街中にはヨーロッパの色彩はほとんどなかった。

街の中心にはロータリーがあって、いくつかの商店がこの辺りに集まっている。何気なく、そこに立つ「イズニック（ニケーア）」と書かれた看板をみて驚いてしまった。この街は、紀元前から存在し、ローマ帝国やビザンチン帝国の時代に栄えた、あのニケーアだったのだ。

城壁をはじめ、古い建造物は一メートル以上も土に埋もれている。家屋の人口も道路より低い位置にあって、階段を数段下りた所にドアがある。おそらく、洪水のたびに土砂が堆積して埋もれていったのであろう。このことは、日本とは異なる気候、植生下にあるトルコでは、浸食堆積作用が現在も非常に活発なことを示している。また同時に、イズニック付近が地殻変動によりどんどん沈降していることを示しているのかもしれない。いずれにしても大変興味深い事実だ。

街の中心のロータリーに面して、古い教会アヤソフィアがある。建物の感じはモスクらしくなく、キリスト教会風だった。天井はすでに抜け落ちて、さほどは大きくない、むしろこぢんまりとした造りだった。説明板を読むと、なんとこれがローマの皇帝コンスタンティヌスが宗教会議を開いた場所だった。この会議で三位一体説が正統化され、キリストの神性が認められて、後にキリスト教がローマ帝国の国教となるきっかけとなった。そんな歴史的な大事件が起こった場所が、一七〇〇年近い年月を経てそこにある。予期せずこんなものに出会って、しかもそれがいかにも名所旧跡のように飾られたりせずに、普段着のままそこにあると、頭の中がまるで混乱して、感動することも忘れてただ呆然としてしまう。

となりに、さほど高くない円柱形の塔が立っている。その上に、コウノトリが巣を作っていた。時おり立ち上がって、足元を整えながら通りを見おろして、実にのんびりと住んでいた。このコウノトリは何代前からここで暮らしているのだろうか、ふと、やつに聞いてみたくなった。

写真 14：イズニックのアヤソフィア

3　ジープで走るトルコの田舎

(1) チャクーとジープ

我々の地形地質班にはトルコ鉱物資源調査所（MTA）の研究者、エルダールとシャロールが加わっ

写真15：激走するジープの車内

た。これにジープの運転手チャクーを加えた五人による調査がいよいよ始まった。

五人の乗るジープは、三〇年をゆうに超える素晴らしい強者で、天井はビニールの幌張りで窓はない。炎天下の調査では車内の温度は五〇度を超える。扉をバタバタ鳥の羽のようにさせると、そのときだけ車内の空気がわずかに動くといった感じだ。

トルコの道路はわりと整備されている。村の中の小道は土の道だが、幹線道路はきれいに舗装されている。トルコ人は、舗装道路はみんな高速道路と思っているのか、古い車が多いわりにやたら足が速い。時折見かけるドイツのナンバープレートをつけたベンツなどは、猛スピードでふっ飛んでいく。追い越しは大胆で、前の車にテール・トゥー・ノーズでくっついてから、まるで自動車レースのようにハンドルを切って、車線変更をして追い越していく。

我々のジープはそんな中にあっても、安全走行を続けていた。しかし、スピードは決して遅くなかった。一〇〇キロ近いスピードで走るとエンジン音と車体の振動はすごく、車内での会話には大声が要求された。

騒音と高温と振動。流れる汗と土ぼこり。ガソリンの臭いと体臭とオーデコロン。「これがアジア・トルコだ」、ジープの中の体感には説得力があって、調査開始早々、すっかり納得してしまった。

フロントガラスから見える道路は直線的で、所々にサクランボやプラムやスイカを売る露天の果物屋が見える。時折、土壁や日干し煉瓦造りの家々が並ぶ村を過ぎる。どんなに小さな村にも必ず尖塔をもつモスクがある。車の通り過ぎた後を振り返ると、ロバや羊を連れた老人が道を横切っている。風景の中にある色彩は素朴で落ち着いている。舗装道路以外は、何十年いや何百年間も変わらぬ風景なのかもしれない。

写真16：大木の下のチャイハネ

(2) チャイハネにて

活断層沿いの村々を訪ねては、過去の地震の記憶や言い伝えを聴いて歩く。これが調査の第一歩となった。村へ行くとまずチャイハネ（茶屋）に立ち寄る。チャイハネは村一番の大木の下にあることが多かった。普通、板張りかコンクリート張りの床に、椅子とテーブルが並べられただけの殺風景な造りになっている。広さは大小さまざまだが、概ね一〇から二〇畳ほどであろうか。室内はあまり明るくなく、居心地もよくないため、客は皆、椅子を屋外に出して道路のほうを向いて座る。日中、それも午前中から男たちはここに集まって、道路のほうを見つめながら長時間たたずんでいる。女性の姿を見かけることはない。若者の姿もあまり見かけない。おそらく一人前にならないと、チャイハネに腰を落ち着けることは許されないのであろう。よく言えば（田舎の）紳士の社交場だ。

写真17：チャイハネでの聴き取り調査
（左手前の女性はナーズ）

男たちが昼間からお茶を飲んでしゃべっている是非はともかく、チャイハネは我々にとっては重要な情報源であり、またオアシスであった。猛暑のジープの車内から解放されて、ここにたどり着くと、木陰の涼しい風に生き返る。また、そこへ行くと村の長老など重要人物はみんないて、聴き取り調査にはもってこいなのだ。こんな田舎では外国人は珍しいので、我々が歩いていくだけで大勢の人たちが笑顔で迎えてくれる。

高さ八センチくらいの小さなガラスの器に入った熱いチャイ（紅茶）と、少し冷たいコーラが二大メニューになっている。チャイを何杯もおかわりして飲みながら、MTAのエルダールの通訳によって聴き取り調査が進んでいく。

チャイハネにいるおじさんたちは、我々にトルコ語が通じないことは充分わかっているのだが、そんなことはお構いなしに、にこにこしながらやたらに話しかけてくる。そのうち我々を肴にして、彼らの間で勝手に盛り上がってしまう。

それにしてもトルコ人の笑顔は温かく屈託がない。トルコ語音痴の私にとってはただの騒音に過ぎない話声だが、その声に包まれているとなぜか落ち着いてほっとする。そうして戸外の涼しい乾いた風に吹かれていると、研究上の探求心をふと忘れて、ついついチャイハネのおじさんの仲間入りをしてしまいそうだ。

写真18：水飲み場で出会った羊飼いの少年たち

写真 19：夏休みのためチャイハネに集まった少年たち

エルダールの「OK．レッツ　ゴー！」の声でやっと我に返った。思わぬ長居をしてしまったようだ。

（3）不思議なアイラン

もっと田舎の村へ行くと、チャイハネはない。そんな時は水飲み場へ行く。そこは村の中心になっていて、我々が行くと黙っていてもまず子供たちが寄って来て、そのあと村人たちが集まって来てくれる。ここでまた聴き取りが始まる。我々の話を聞いて、村人のうちの一人が、「地震の時に地割れが走った場所を知っているから来い」といって、村の中へ案内してくれた。トルコ人はおせっかいなほど親切で、なんとか力になってくれようとする。時にはトンチンカンなこともあるのだが、それでも一生懸命相手をしてくれる。

あちらこちら案内してもらってから、帰ろうとしてジープにもどった。すると待っていたはずの運転手のチャクーがいない。ふと見回すと、チャクーが一軒の家から、子供たちを従えるようにして、にこにこしながら出てきた。手には大きなガラスの瓶に入ったアイランを抱えていた。アイランは、羊の乳から作ったヨーグルトに水と塩を加えてかき混ぜた飲物で、トルコ人の大好物だ。チャクーがその家からもらってきたのは、とっておきの自家製のアイランだった。注がれたグラスの中を覗くと、なにやら黄色い沈澱物がある。それでも思い切って一気に飲むと、よく冷えていて、渇いた喉に染み入った。

この他にも、訪れた村々で、冷たい水や焼き立てのパンやもぎたてのフルーツをごちそうになった。「メルハバー（こんにちは）」以外は言葉も通じないのに、笑顔で我々を迎えてくれて、互いに目と目で話をする。それだけでも充分に楽しい。その上、予期せぬこんなもてなしを受けると、たまらなく胸ときめいてしまうのだった。

写真20：調査で訪れた村で

(4) 夕立とかぼちゃの種

ある日の調査の帰り道、サカリヤ川沿いの道をジープで走っていたとき、珍しく夕立に見舞われた。ジープの幌に激しく雨粒が当たり、ザーというものすごい

写真21：夕暮れ迫る山道で故障したMTAのジープ
（この後、トラクターに牽引されて何とか帰還した）

音に会話もままならない。フロントガラスでは、ワイパーがぜんまいじかけのおもちゃのような動き方で必死に働いているが、あまり効果は上がらない。時々扉の隙間から水しぶきが入ってくる。路面にもかなり水が浮いているため、対向車が水を跳ね上げる。対向車は例によって猛スピードなので、跳ねる水の量も半端でなく、一瞬周りが何も見えなくなった。こんな状態の中で、「何ともワイルドな感じでいいなあ」と一人、ご機嫌になっていた。

その時である。エンジン音が急に静かになって、トットットッと車が止まってしまったのだ。エルダールが舌打ちして、「チャクー！」と低くはき捨てるようにつぶやいた。その顔には「ガス欠させやがって！」と書いてあった。チャクー以外の四人は、しかたなく外へ出て車を押すことになった。幸いなことに夕立は小降りに変わった。しばらくジープを転がしていくと、好運にもガソリンスタンドが対向車線側に見えてきた。車の流れの切れ目を見計らって、それっと呼吸を合わせてジープを全力で押す。勢いのついたところで一気に道路を横切って、ジープはガソリンスタンドに滑り込んだ。

雨宿りをしながら夕暮れの戸外を見ていると、エルダールがかぼちゃの種を買ってきた。五人ともそれぞれ手の平いっぱいにその種を握り、腹が減っていたので無心に食べる。素朴な味でなかなか旨い。ふと気付くと、エルダールたちの足元に落ちている殻の量がすごい。観察していると、私が一粒食べる間に、エルダールやシャロールは五つくらい食べてしまう。池田さんは私と同じレベルだ。

ここでにわかに、かぼちゃの種の食べ方講座が始まった。まず人差指と親指で種の尻のほうを摘み、尖ったほうを歯で軽く噛んで殻の割れ目に沿ってひびを入れる。次に指先に力を入れて中身を押し出す、という手順らしい。何度も挑戦するが、いっこうに上達しない。食べる速度はついに追いつかなかった。おかげで、ジープが動きだしてからも延々と食い続けなくてはならなかった。

(5) 敬虔な祈り

チャクーというのは実はニックネームで、「青い目」という意味だという。いい年をしたおじさんには可愛すぎる名前だが、ついに我々は本名を覚えなかった。小さい子供が大好きで、トルコ語で冗談を言ってはみんなを笑わせた。陽気で気の優しい愛すべきおじさんだった。

低めの声で、「アッラ、アッラー!」とつぶやくのが彼の口癖だった。「日本語のアラアラはここから来ていたのか」と一人で勝手にわかったつもりになってしまったが、果たして真相はどうなのだろうか。アッラーはもちろんイスラムのアラーの神のことであるが、その言葉をつぶやく局面は、日本語のアラアラに似ていた。彼は敬虔なイスラム教徒だった。

トルコ人は九九%がイスラム教徒だ。一般にイスラム教徒は酒を飲まず、一日数回メッカに向かって拝み、たびたびモスクへ行くと聞いていた。しかし、トルコのイスラム教は変形型で、トルコ人には多様な信教の仕方が許されているようだ。アルコールを飲む人もいるし、お祈りを省略する人も多い。そうかと思うと、

写真22:村の子供たちに囲まれるチャクー

まったく飲酒をせず、一日に五回必ずメッカを拝み、金曜日にはモスクへ通うという人もいる。お互いに他人の信教の仕方については干渉しないようである。とはいえ、どこにいても近くのモスクから、一日数回コーランが大声で流れ、イスラム教はすべての人の身近

にあった。

　チャクーは敬虔な信者だったので、時々少しの間、一人で姿を消して大地にひれ伏した。ある日、日暮れの道をイズニックの宿舎へ向かってジープで走っていると、チャクーがおもむろに車を止めた。どうやらお祈りの時間らしい。午後八時過ぎのこれは、一日五回のうちの四回目だという。彼は車から降りると、少し離れたところへいき、水で手と足を清め、南の方向を向いて正座し、額を地面につけた。こんな時、他の者はただじっと待っていた。

　まわりは一面プラム畑だが、日が落ちた後なので暗くてよく見えない。わずかに明るさの残る空を見上げると、星たちが輝きを徐々に増しつつあるところだった。チャクーのように祈りこそしないが、そばにいて土の臭いを感じていると、トルコの大地と一体になったような、なんとも落ち着いた気分になってくるのが不思議だった。

　いつも陽気に鼻歌を歌っているチャクーだったが、祈りをすませた後はちょっと違った。とくにこの夕闇の中で見る彫りの深いチャクーの横顔は、高潔な哲学者の風情を一瞬感じさせた。

4　トルコの暮らし

(1) 郷に入れば

トルコのトイレには紙がない。代わりに、個室内には水を入れたバケツか水道の蛇口がある。用を足した後で紙を使う習慣はなく、きれいに水で清めるのである。具体的にはどのようにするのか大変興味深いところであるが、詳しくは知らない。だが、考えてみれば、紙で拭うよりはるかに清潔なのだろう。

郷に入っては郷に従えである。何度もそう心に誓うのだが、いざトイレに入ると、どうしてもトルコスタイルを試す勇気は出なかった。店に行けばペーパーを売っているので、常にそれを持ち歩くことにした。都会のトイレは水洗設備があるので問題ないが、田舎ではやたらと紙を流すことができず、これには注意が必要だった。生活習慣というものがいかにおもしろいか、何よりも説得力のある事例だ。

「あの紳士も紙を使わないのか」などと想像すると、何とも失礼なことをしたという罪悪感をもつのだが、わずかに神秘性も潜んでいる。しかし、「あの美女も…」とだけは考えてはならない。

（2）アキャズの村で

トイレの話の後でなんであるが、トルコの食べ物はなかなか旨かった。朝食はフランスパンに似たパンと、黒色のオリーブと、白くて少しぱさぱさした羊の乳から作ったチーズが基本で、それにハチミツかバターかジャムがつく。もちろんチャイ（紅茶）は必ず出る。「朝から果物や野菜を食べると消化に悪い」と、途中から調査隊に加わった大学生のウスラットが教えてくれた。

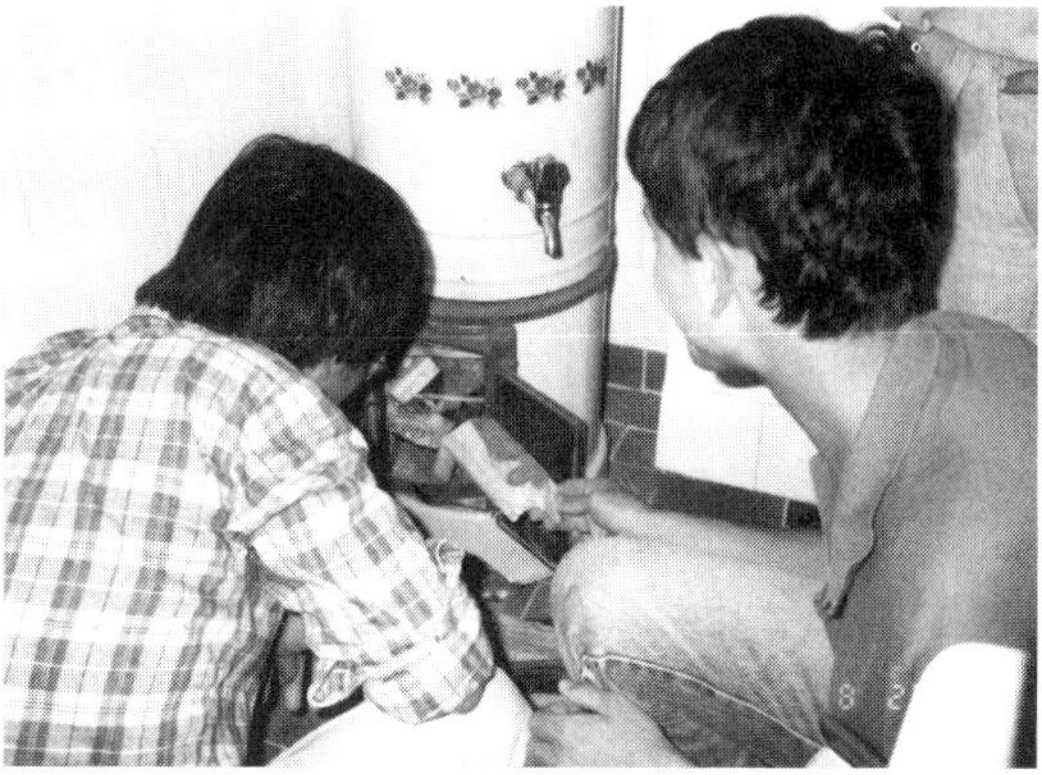

写真23：アキャズの風呂を薪で焚く池田さん（左）とウスラット（右）

八月中旬の一〇日間、このウスラットと池田さんと私の三人で、普段の常宿DSiを離れて、イズニックから東へ八〇キロ離れたアキャズ村で過ごした。これは、アキャズ近くで調査溝（トレンチ）を掘って活断層を発掘するという調査を行うためだった。その時の宿は営林署のゲストハウスで、食事は、夜は街中のロカンタで外食、朝は自炊だった。

毎朝、前夜に買っておいたパンとチーズを食べ

写真 24：アキャズの鍛冶屋

ながらチャイを入れるのが日課だった。この時、ウスラットにチャイの正しい入れ方を教えてもらった。チャイを入れるには、専用の二段式ポットを使う。これは大小二つのやかんを上下に組み合わせるようになっていて、まず下の大きいやかんに水を入れ、上のやかんにはチャイの葉だけを入れて火にかける。下のやかんに湯が沸いたらその湯を上のやかんに入れる。そして、下のやかんには減った分だけ水を追加して火にかける。そうして再び湯が沸騰した頃、できあがりというものである。トルコのチャイはイギリスのティーよりも香りが素朴で、やや赤ウーロン茶に近い感じだ。そのため、何杯もおかわりできる。

　チャイを入れ、パンを食べ終わった頃、一〇日間のおかかえタクシードライバー、ジェマールが自慢の赤いタクシーをすっとばして迎えにきた。彼の車は、トルコのムラット社のエンブレムをつけているが、スタイルはまったくフィアットだった。これに乗って二〇分ほどかけてトレンチ現場へ行くのが日課になった。

トレンチ調査にかかせないのは「ねじり鎌」だ。トレンチの土壁を観察するために、丁寧に削るためだった。しかしアキャズの村では見つからない。おそらくイスタンブールにもなさそうだ。そこで鍛冶屋へ行って作ってもらうことにした。ねじり鎌の刃の研ぎ具合

写真25：ねじり鎌を特注

写真26：ムドゥルヌ川沿いのトレンチは湧き水との戦い

写真27：トレンチ壁面を観察する池田さん（右）と筆者（左）（その後ろでじっと見つめる人夫、アデム〔左〕とユセイン〔右〕）

と絶妙な角度が重要なので、池田さんが鍛冶屋の主人に何度も注文を出してやっと作ってもらえた。これさえあればトレンチ調査はうまくいく。

トレンチ現場はムドゥルヌ川沿いののどかな田園地帯だった。調査期間中は、三人の現地の村の兄ちゃんに手伝ってもらった。トレンチ溝は深さ三メートル、長さ一五メートルほどで、ブルドーザーとパワーシャベルを駆使して掘りあげるのだが、その後、この兄ちゃんたちの力を借りて、壁面をきれいに整形する必要があった。また、トレンチを掘った場所が河原に近かったため、地下水がどんどん出てきてしまう。そのため、見張っていては、時おりポンプを使って排水してもらわないと、トレンチ溝もろとも、中にいる我々まで溺れてしまうのであった。

彼ら三人は友達同士で、毎日来てくれた。日当は九千トルコリラが相場だった。九千トルコリラは一九八八年当時、彼らにとっては九千円程度の価値があった。しかし、トルコ国内でそれだけの価値のある九千トルコリラも、銀行ではなんとわずか九百円と交換された。いかに工業生産力が日本とトルコでは違うからとはいえ、両国の人間一人対一人は同等であることを考えたとき、このような不当な通貨レートに首をかしげてしまった。

彼らの仕事はそれほど多くなかった。整形作業がすむと、後は我々の観察期間となる。こうなると彼らはとくに仕事はない。そばでじっと見ていて、時々ポンプを動かすだけという日もあった。それでもいてくれると助かるし、また楽しいので、毎日来てくれるように頼んでいた。

写真28：川魚をフライにするチャクー

比較的暇な日が続いたある日、「さあ昼飯にしよう」というと、「タマーン！（OK！）」といって、待ってましたとばかりにどこかへ行ってしまった。しばらくして、川魚を五〇匹ほど抱えて帰ってきた。うぐいのような魚だった。どうやら川に入って投網をしてきたらしい。

まわりの林から薪を取ってきて、火を起こした。その上にフライパンを置き、バターを一ブロック溶かす。新聞紙の上に魚

写真29：調査中の昼休み
（スイカとメロンが一番のごちそう）

を並べ、とうもろこしの粉をまぶす。そうして実に手際よく、魚のフライが山ほどできた。こいつをパンに挟んで食べると非常に旨い。それにもまして何より彼らの気遣いがうれしかった。

翌日も魚をとってくれた。今度は我々が、魚を日本式に小枝に刺して、ひれに化粧塩をして火の周りに突き立てた。うぐいの塩焼はトルコ人にも大変好評だった。

我々は毎朝アキャズの街で、昼食のパンを買った。その時でっかいスイカサイズのメロンも買うことにしていた。トルコ人たちは度々、「日本人はいいねえ」という。「自動車は買えるし、給料は高いし」というのがその理由だった。けれどそう言われても、素直にその通りだとは思えない。そういう富や技術よりも、もっと生きるために根本的な何か、例えば大自然とか、素朴な人情とかのほうが大切なのではないか。今の日本がどこかに忘れてきてしまったものが、トルコにはまだあるのではないかと考えさせられた。

写真 30：村の少女

でっかいメロンは、表面にきれいな編目模様はない。何か不格好だ。それでも切ってみると、中身は立派なマスクメロンの味がした。甘くて、みずみずしくて旨かった。まさに「トルコのメロン」だった。こいつがトルコでは二百円くらいなのだ。

「日本でこれがいくらすると思う？　このサイズだったら一〇万トルコリラ（一万円）くらいだよ」というと、それまでの羨望の眼差しは消え、同情のそれに変わる。

「かわいそうに。おまえもトルコ人になれよ」とジェマールがいった。

その日以来、彼らは自分たちが食べる前に、我々に好きなだけメロンを食べさせてくれようとした。「チョク　ギュゼール　カブン！（すごい旨いメロンだぜ。）」何度言ったかわからない。メロンのことをカブンというのだが、ちなみに女性のことをカドゥンという。カブンをカドゥンと聞き取られて、場がやけに盛り上がってしまったこともあった。

（3）トルコ料理と魅惑の酒ラク

普段、常宿での夕食は日暮れ頃から始まって、そのまま宴会に突入する。日本人はいつも、「ビラ！　ビラ！（ビール、ビールちょうだい）」としか言わないので、ウェイターにも覚えられてしまう。ビラ、ビラ騒ぐのがなぜ特異かというと、トルコ人はビールよりもラクを好むからである。ラクというのはブドウから作る蒸留酒で、ボトルの中にあるときは無色透明なのだが、水で割るとたちまち白く濁る。ギリシャのウゾーと同じ酒だ。トルコとギリシャは仲が悪いが、酒も料理もよく似ていて何ともおもしろい。

ラクは飲み慣れないものにとってはひたすら甘く感じられる。その味はなぜかメロンによく合い、メロンを食べながら飲むといった健康的な明るい酒だ。ただし飲み過ぎると間違いなく足をすくわれる。片手にラクの水割り、もう一方の手に冷水をもつ。そしてそれらを交互に、立て続けに口に含むのが正しい飲み方だ。

夕食のメニューは、香草の入ったあっさりとしたチョルバス（スープ）から始まり、青とうがらし入りのサラダと、キョフテ（ハンバーグ）かビフテキのメインディッシュ、それにピラフかパン、そして最後にフルーツといった感じだった。量も質もあっさりしていて、食べ足りないときは、カロリーをアルコールで補給するしかない。

トルコ料理には、イスラム教の影響で豚肉は使わない。料理で有名なものは、五〇センチくらいの大きさの羊肉と牛肉を交互に重ねた肉塊を天井から吊し、それを周りから火であぶって、焼けた肉をそいで食べさせてくれるドネルケバブ。あるいは羊肉を串ざしにしたバーベキュースタイルのシシケバブである。ところがこのような野趣あふれるものは、残念ながらちょっと気取った我々の宿では登場しなかった。それにトルコ料理で何といっても旨いのは、野菜と肉を煮込んだ煮物の類であるが、それも気取ったレストランにはない。

これらは大衆料理屋風のロカンタへ行くと存分に楽しむことができる。ナスの中に細かく切った肉や米を入れて煮込んだパトゥジャンドルマスをはじめとする、肉や野菜の数々の煮込み料理が大皿に盛られて並んでいる。それを指さして、ブ（これ）ブ（これ）と言って注文する。トルコの風土にすっかり魅せられていることもあってか、油っぽいかどうかもまるで気にならない。日本の田舎料理に共通する素朴な旨さを感じて、少し懐かしさを覚えた。

何かが欲しい、何かをやりたい、というとき、非常に便利なことがある。トルコ語は日本語と語順がよく似ていて、目的格が先頭にくることが多い。とっさに思いあまって、「ビラー」と叫び、それから落ち着いて、イスティヨル（ほしい）ム（私）と言えばいい。道に迷ったら、「イズニック　エ　ギトゥメック　イスティヨルムー（イズニック・へ・行き・たい／私）」と叫べば何とかしてくれる。言葉を伝えるコツは、トルコ語がローマ字表記だからといって、英語式に気取って読まないで、ジャパニーズ・スタイルでゆっくり

写真31：水泳教室主催のダンスパーティ

発音することである。そして何より大切なのは、相手の目をよく見すえて、「私、今、トルコ語をしゃべっているんだよ」という顔をすることのようだ。

5　トルコの心とアタチュルク

(1)　踊り好きのトルコ人

DS·İは水道局で、半乾燥地が広いトルコでは「緑の戦士」だ。かなり大規模な組織であることは、各地に立っているDS·İの看板が物語っている。我々が滞在していたDS·İの宿舎のとなりには、さすがに水道局だけあって、水泳教室が開かれるプールがあった。ここに小学生くらいの子供たちが合宿に来ていた。

ある日、その教室が終わりに近づいた頃、ダンスパーティーが開かれた。トルコ人はとにかく踊りが好きだ。眺めていると、一〇歳くらいの可愛い女の子が、「ダンス？（一緒に踊ろ）」と言ってやって来る。日本人が一人、また一人と踊りの渦に巻き込まれていった。

イズニックはトルコのなかではイスタンブールにわりと近い位置にあって、ここに来ていた女の子たちも、いわゆるヨーロッパ系の顔立ちをしている。それでもわずかに目の輝きには東洋の雰囲気があって、少女たちはみんなかわいくチャーミングだった。飯尾さんは彼女たちにすっかり気に入られて、昼間会っても「イイオー！」と声をかけられた。ただ他の人も「イイオー！」と呼ばれたりして、「はて、これはどういうことか」と首をかしげたこともあった。

（2）トルコ民族と「演歌」

トルコの音楽はアジア的だった。聞くところによるといくつかのジャンルがあるらしいのだが、どれを聴いても民族音楽の感が強い。中近東から北アフリカにかけての地域の音楽に共通する雰囲気をもっている。

踊りやすいシンコペーションを多用したリズムにはいくつかの基本型があって、その上でチャルメラかオーボエのような音を出す不思議な弦楽器のエスニックな音色がころころと踊る。聞き手を踊りのなかに誘い込むかのようだ。それに対し、旋律は短調が多く、深い哀愁をおびていた。

ウスラットが「アートミュージック」とよんでいたジャンルの音楽はとくに心に響く。素直な発声法から生まれる歌声は小節が効いていて、日本や韓国の演歌に似ていた。若いウスラットから中年のタクシードライバーまで、みんなこのような歌が好きで、車のなかのカーステレオから流れるのはすべて「演歌」だった。

トルコ人は多民族からなっている。一緒に調査していたウスラットはタタール人の血を引いていたし、オーヤさんはアバザ族とのことだった。ウスラットは長身で優しい顔をしたちょっといい男だが、笑うと目尻が垂れ下がる。これがタタールの特徴なのだという。一方、オーヤさんは褐色の肌と、少し縮れた髪をもっていた。他のメンバーはというと、ムスタファとシェリフは口ひげをたくわえた黒髪の持ち主、アリは青い目に栗色の髪、ナーズさんはブロンド美人だった。

写真32:若手メンバー(円卓手前から右回りに、シェリフ、松島、ナーズ、アリ、オーヤ、筆者、ムスタファ)

ある日の昼間、田舎を調査していて、丘陵地に上がっていった。丘の上は広々とした草原になっていて、そこに一本の大木が立っていた。木蔭では、放牧中の羊の世話をしながら、一〇人くらいの子供たちが遊んでいた。我々が歩いていくと、もの珍しそうにその子たちは集まってきた。オーヤさんが何か言うと、家に走って帰り、やがて冷たい水をもって来てくれた。

（3）白馬に乗ってやってきた裸足の少年

写真33：白馬に乗ってやってきた裸足の少年

白馬に乗った裸足の少年もやって来て、後をついて来る。じっと我々のすることを観察していた彼は、やがて、我々のハンマーをもって、にこにこしながら露頭を削る手伝いをしてくれた。

後で聞いたオーヤさんの話では、彼らはクルド人とのことだった。トルコ語はあまり通じないらしい。クルド人と言えばアラブ系の民族で、おもにトルコの東部からイラクにかけての地域に住む少数民族だ。国境線が彼らの居住地を分断しているために、各地で異民族ともめていると聞く。しかし彼らはいろいろなところに村を作って、一見普通に住んでいるように見えた。イズニックへ帰る途中、よく耳にする悲惨な少数民族の問題を改めて思い起こしながら、クルド人の子供たちのもつ深い目の輝きと屈託のない笑顔を思い出していた。

写真34：クルド人の子供たち と
（左はMTAのチャクーとエルダール）

（4）ディスコの美女

DSiのとなりに別荘地ダルカがあった。ここはイスタンブールなどに住む金持ちの避暑地だった。そこでの生活スタイルはすっかりヨーロッパのリゾート的だった。

なかにはディスコがあって、毎晩賑わっていた。とくに金曜の夜は美女が集まるという評判が若い連中の間に流れた。

「今日は金曜日だよ」とアリが言ってニヤッと笑う。こちらもニヤッと笑い返す。その日は夕食がすんでも、バックギャモンをしながらその場に居残って、ボスのイシカラ教授が部屋にもどるのを待っていた。

「イイ　ゲジェレー（グッド　ナイト）」と言ってボスたちが立ち去った後、0時近くになって脱走した。ムスタファとアリ、松島君と飯尾さんと西上さん、それに私がメンバーだ。若さに任せて、睡眠時間を犠牲にしての夜遊びだった。

このメンバーに、しばしば二人の若き女性研究者オーヤとナーズも加わった。イスラム圏であるトルコでは、若い女性は一人で街に出てはいけないと言われることがあるらしい。中学生くらい以上の女性を街中で見かけることは稀で、見かけても父親がガードしていたり、父親の運転するトラクターの荷台に乗っていたりする。しばらく滞在したアキャズの街でもそうだった。したがって、まして夜中に出歩くことは大変なことだった。しかし、オーヤやナーズの住むイスタンブールだけは例外で、すっかりヨーロッパ流だった。そしてダルカもイスタンブールの「植民地」だった。

プールサイドにあるディスコは屋外で、日中の暑さからは想像できない、乾いた涼しい風は、どんなエアコンにもまさった。夜空の星とスポットライトが絶妙に調和していた。

ストロボライトが点滅しはじめると、人の顔が一枚一枚の写真を見るように映る。トルコの若い女性はスタイルがよく、鼻筋が通り、魅力的な目をしている。とにかく美人が多い。点滅する横顔につい見とれてしまう。若い男のほうも当然ながら大変ハンサムなのだが、それはどうでもいい。

(5) アタチュルク待望論

恵み多き海と川、新鮮な果実と旨い料理と酒、温かい素朴な人情と情緒たっぷりの音楽、それに美女。トイレに紙がないことを除けば何も文句のないように見えるトルコだが、現実はちょっと違う。

チャイハネで、笑顔で話していた男が急に真面目になって、「日本へ出稼ぎに行くことは可能か?」と尋ねてくる。「いいえ。日本は狭い国で人口が多い。だから外国人に仕事をあげると日本人の仕事がなくなるからね」と苦し紛れに答えたが、納得してもらえない。確かにこれでは、名高き経済大国、日本としての答えにはなっていなかった。

七〇年代以降、おもに西ドイツへ多くのトルコ人が出稼ぎに行き、彼らは自国では得られない高収入を得た。トルコで見かける高級車ベンツやワーゲンは、多くの場合、そのような人たちのものらしい。また、海外出稼ぎ労働者からの本国送金は年間二〇億ドル近いという。しかし最近では、西ドイツは、五〇万人を超えるトルコからの出稼ぎ労働者を抱え、国内に多くの問題が生じ、こういった出稼ぎを制限しようとしていると聞く。

トルコの物価は鰻のぼりで、毎年三割から四割のインフレ率だ。日本へ絵葉書を出そうとしたら、しばしば料金が値上がりのため変更されていて、郵便局の職員も覚えきれないでいた。そのため投函する郵便局ごとで料金が違うようなこともあった。テレビでは毎日、オザール首相が現れて、トルコが抱える財政や外交問題、環境問題などを論議していた。

ある晩、MTA(鉱物資源調査所)のエルダールに招待されて、アキャズにあるMTAのフィールドキャンプを訪れた。キャンプといっても五階建てのビルになっていて、トルコにおいては鉱物資源調査がいかに重要視されているかがわかったのだが、その時、若いスタッフから、「我々はトルコの二〇年後を議論している。日本の二〇年後はどうなるんだ？」と聞かれた。これには答えに窮した。そこで、それに直接は答えず、「日本では現在、安定を望んでいる。だから大きな変革は求められていないと思う」と答えた。彼らにはその意味は飲み込めないようだった。

写真35：初代大統領ムスタファ・ケマル・アタチュルク

トルコには一九三八年までムスタファ・ケマル・アタチュルクという英雄がいた。第一次大戦に破れたトルコは、それまでのオスマン・トルコ時代の広大な領土を失い、国土はイギリス、ギリシャ、イタリア、フランスによって分割、占領された。この時、国民軍を組織して、四方の敵と戦い独立戦争を勝利に導いたのがアタチュルクだった。

彼は一九二三年にはアンカラを首都とする共和国を建国した。その後、数年のうちに大改革を断行した。カリフ制と一夫多妻制の廃止、女性のベール着用の禁止、西洋暦の導入、政教の分離などのほか、それまでのアラビア文字による表記をローマ字表記に変えた。さらに国内の地名をすべてトルコ語に変更し、例えばコンスタンチノープルはイスタンブールと改められた。このあたりの事情については、武田龍夫著『新月旗の国トルコ』(サイマル出版会)に詳しいが、それによると、アタチュルクの目指したものは、まさに西洋化であって、逆境のなかから西欧的近代化に成功した日本に敬意を払っていたという。自室には明治天皇の肖像画を飾っていたほどであったとのことだ。トルコ人の日本びいきもこのあたりから来ているとすれば、ずいぶん歴史的なものと言えよう。

トルコ人はまた、大変強い愛国心をもっている。男子は例外なく徴兵の義務を負う。アリやムスタファは研究のため、徴兵を猶予されているが、いずれは義務を果たさなければならないということだった(アリはこの年の晩秋、兵士になった。)

現在、アタチュルクの肖像画はいたるところで目にする。紙幣やコインのデザインは皆そうであるし、大学や役所のオフィスはもちろんのこと、ロカンタ(レストラン)やビラハネ(居酒屋)の壁にもかかっている。トルコ人はアタチュルクを見ながら仕事をし、アタチュルクを見ながら酒を飲む。いまだに彼は英雄として、心から尊敬され愛されていた。アリが、トルコの政治の現状を教えてくれた後で言った。「トルコ人は皆、アタチュルクの再来を望んでいるんだ」と。

6　アナトリア高原の旅

(1) ふたつの風土

トルコはふたつの風土をもっていると言われる。ひとつはエーゲ海に沿う地中海性気候の場所のもので、そこでギリシャ文明が栄え、ローマ文化、ビザンチン文化が花開いた。もう一つは乾燥した内陸で、そこにはギリシャ文明よりもさらに数千年遡る古代文明が栄えた。この夏、我々の調査隊は期せずして二手に分かれて、このふたつの風土を味わうことになった。

トルコにはイスラム暦の伝統が残っていて、一年のうちに何度か旧暦のお祭りがある。そのうち最も重要とされるのがクルバン・バイラム（犠牲祭）といって、イスラム暦第一二月の一〇日から四日間である。新暦に直すと毎年時期が変わるが、一九八八年のクルバン・バイラムは七月下旬の夏の盛りにあった。日本の正月、クリスチャンのクリスマスのようなもので、すべての人が仕事を休んで家族とこの日を過ごす。日本の正月も本来はそうだったのであろうが、クルバン・バイラムはまさに神聖な祈りの日であった。

異教徒である我々は、この期間中することがない。世間はみんな休みとなるので仕事もできなくなり、やむなく（？）、旅行に出ることにした。

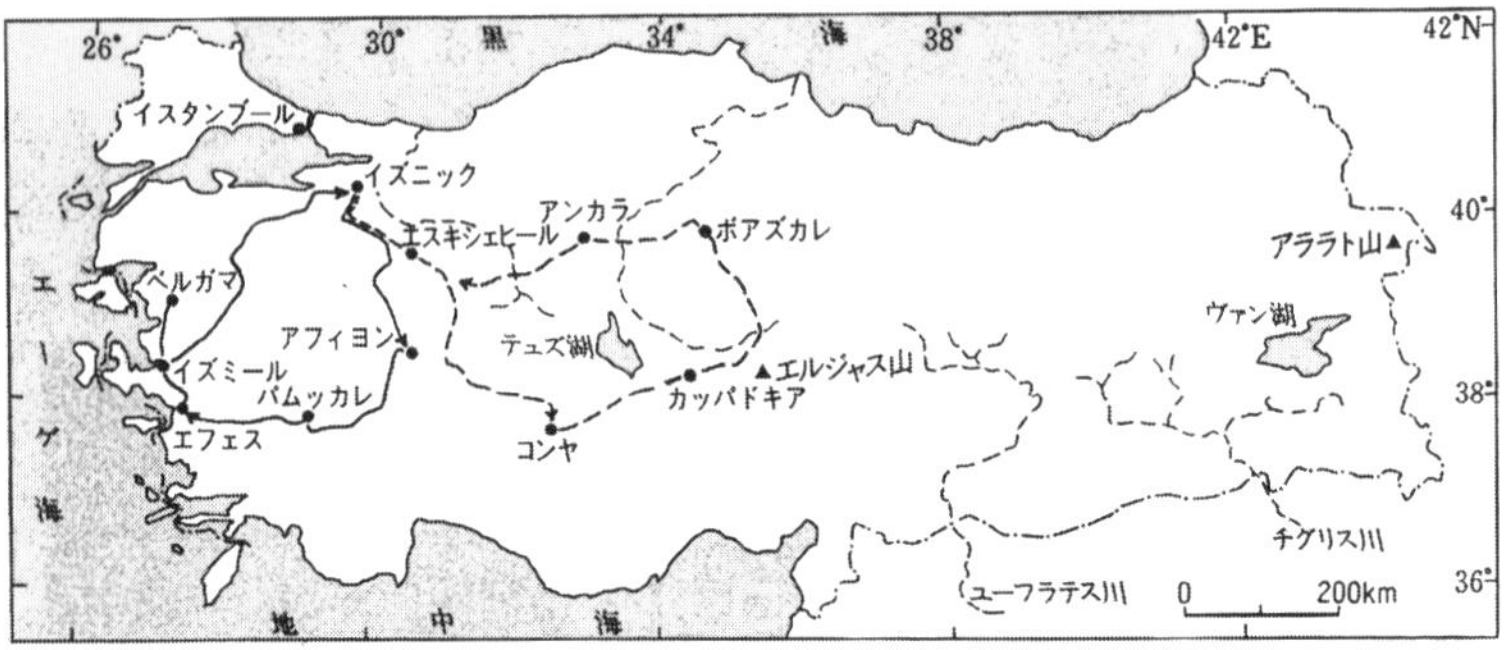

図6：トルコの異なる風土をめぐる2つの旅行コース

七月中旬のある晩、日本人だけがひと部屋に集まって、トルコの地図を囲んだ。ちょうどいいことに、数日前にイスタンブール領事館の人たちが差し入れてくれた日本酒と、レトルトパック入りのおでんがあったので、その場は大いに盛り上がっていた。

三泊四日の日程で行ける範囲で、旅行の計画を立てることになった。すでにトルコを何度も訪れていて、名前が似ていることからトルコ人からオスマンという称号をもらっているベテランの大志万さんが二つのルートを提案した。ひとつは真夏の太陽の輝く紺碧のエーゲ海と、古代ギリシャ、ローマ時代の栄華の跡を楽しもうというもの。そしてもうひとつは、内陸部に入ってヒッタイト帝国やヘレニズム時代あるいはセルジュークトルコ時代の遺跡や、カッパドキアの奇岩怪石を見ようというものだった。前者は「エーゲ海コース」、後者は「内陸考古学コース」とすぐに命名された（図6）。

どちらにしようかということで、採決を行ったところ、結果は三対四と拮抗していた。両方とも魅力的で捨てがたかった。「エーゲ海では伊勢エビが食べられるし、リゾート地だからいろいろといいことあるぞ」とエーゲ海組からさっそく甘い誘惑。「内陸は乾燥していて何にもないけど、古代のトルコに思いを馳せるんだ」とこちらも頑張る。こうなると翻意は許されない。それならいっそのこと二手に分かれて、両方とも楽しんでやろうではないかということになった。こうしてバイラムの計画ができあがった。すべてが未知数的な所に惹かれて、私は内陸班に加担した。

写真36：ミニバス2台に分乗して出発

(2) 内陸をめざして

バイラムの前日、トルコの村々は大晦日の雰囲気に包まれていた。いつものとおり静かなたたずまいをみせているものの、人々は何となくせわしげで、一家のあるじたちは、聖なるいけにえでありバイラム中のごちそうとなる小羊を家まで引いていく。

そんな光景をよそに、我々は二台のミニバスに分乗してイズニックを後にした。バスは貸切で、いつも調査の時に世話になっている運転手が休暇返上で我々を案内してくれることになった。わが「内陸考古学チーム」の運転手は、まる顔に口ひげをつけたレジェップさんである。

イズニック湖の南岸には東西方向にのびる山地があって、ひとまずエスキシェヒール方面を目指す我々は、すぐにこの山道に入った。しばらくつづら折の坂道を登っていくと、しだいにイズニックの街が小さくなっていく。やがて標高七〇〇メートルほどの峠に到着した。山の上に着くと、そこは驚くほど平坦で、穏やかな高原状の起伏をもっていた。麓から毎日眺めていた隆起準平原状の地形である。

写真37：高原上の広大な農地

山地の南側斜面に至ると、植生は突然疎らになり、心なしか吹く風も乾燥の度合いを増したように感じられる。乾季のせいか農作物と言えば、ひまわりの花くらいしか見当たらないが、青空を背景に日の光に映える一面のひまわり畑は目に鮮やかだ。

山から下り平野部に出ると落ち着いたイェニシェヒールという村があった。このあたり

写真38：道路沿いに延々と続くひまわりの花畑

はイズニック周辺と同様に灌漑設備の行き届いた豊かな農村地帯である。ポプラ並木に挟まれた直線状の道を、二台のバスは快調に突っ走った。

しばらく走ったところで二チームは別れた。ちょうどそこに三叉路があって、内陸チームは左へ、エーゲ海チームは右に進路を取った。果たしてどちらの選択が正しかったのかわからないが、いずれにしても双方ともトルコ語の通訳なしであり、珍道中になることは必至だった。しだいに遠ざかって行くエーゲ海チームのミニバスを見送りながら、なんとかお互いの無事を祈るのみである（図7）。

白色の彫刻によく使われる海宝石の産地として知られる古い街エスキシェヒールを過ぎるころから、辺りの風景はかなり乾燥したものとなり、いよいよ「乾燥トルコ」らしさが増してきた。見渡す限りに起伏の緩い広野が広がり始め、緑の木々が見られるのは河川に沿った低地に限られるようになった。

まるでアメリカ大陸の西部を思わせるような平原のなかに、ひとつの看板が見えてきた。どうやらここで

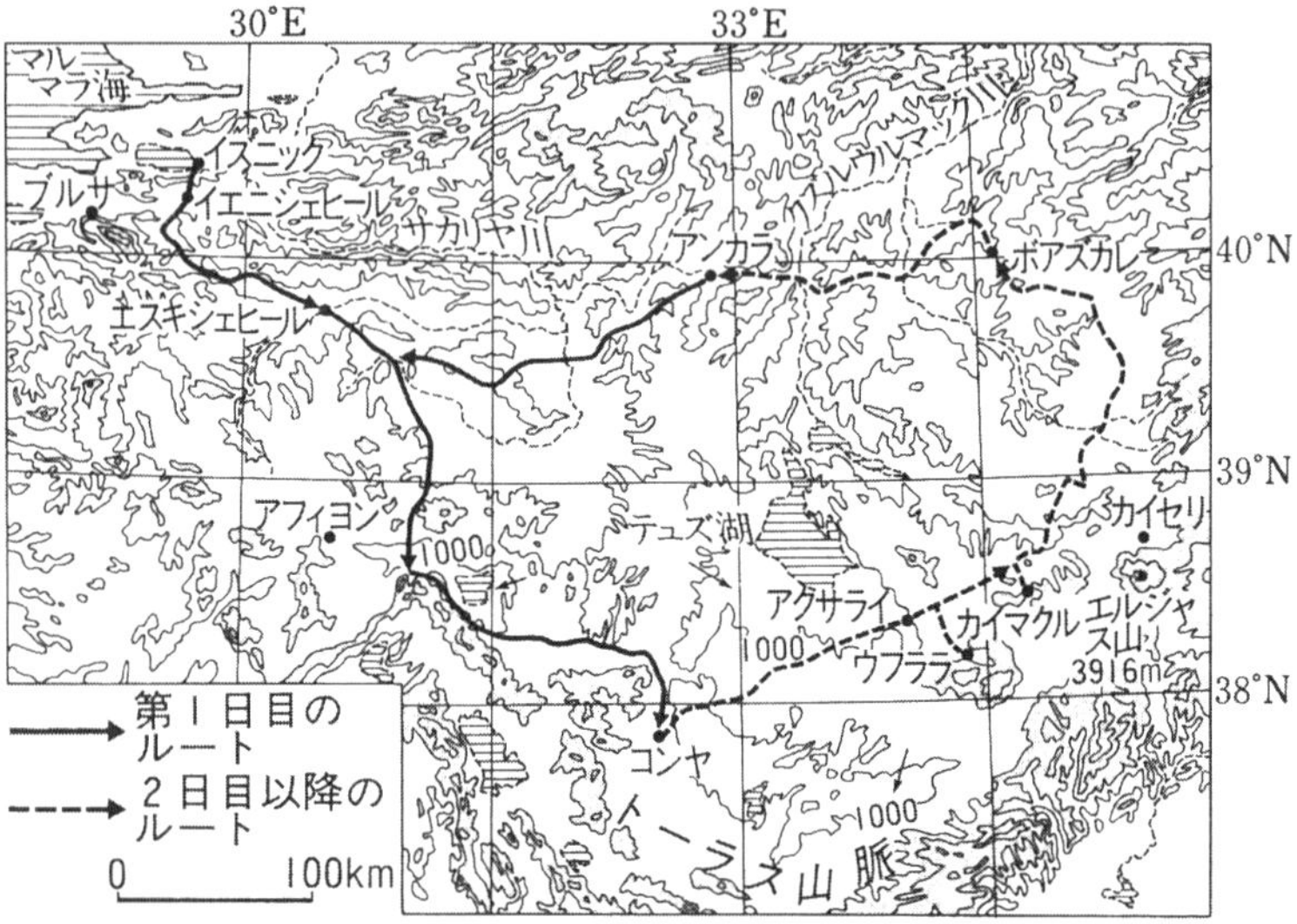

図7　「内陸考古学コース」のルート
（標高1500メートル以上にアミがけしてある）

昼食をとるらしい。車から降りて、運転手のレジェップさんのあとをついて歩いて行くと、湧水を満々とたたえた池があった。水深はかなりありそうで、少年たちがダイビングをして遊んでいる。水は限りなく澄んでいて、エメラルドグリーンに輝く水底には水草が揺れている。

　まもなくたどり着いたレストランは池の下流側にあって、勢いよく流れる川の上につくられていた。足元を流れる清らかな水が涼味を誘って心地よかった。

　そこの得意料理はそんな場所がら、魚料理だった。日本人の魚好きを知っているレジェップさんが気をきかせて案内してくれたのだった。ところがその日の我々は、エーゲ海へ行って魚料理をたらふく食べるという誘惑を振り払って、内陸を目指す覚悟をもっていたのだ。せっかくのレジェップさんの心づかいではあるが、それを甘んじて受けるわけにはどうしてもいかない。それで「レジェップさんと同じものを」といって、肉料理を頼むことにした。やがてテーブルに並べられたサチ・カブルマという料理は、色とりどりの野菜と羊肉のサイの目切り鉄板焼きで、あっさり塩味のなかなかイケる料理だった。

写真39：涼味満点の水上レストラン
（左端は運転手のレジェップ）

昼食後、はるかに遠いコンヤを目指して我々は走りだした。ふと後ろを振り返ると、さっきまでいた湧水地帯が、乾燥した不毛の原野のなかのオアシスとして、そこだけ、ぽつんと緑だった。

ミニバスのカーステレオからはシルクロードのテーマソングが流れる。「ここでこれを聴くといいんですよ」と出発前に大志万さんが話していた言葉に、すでに完全に心から共感していた。この場所はまさにかつてのシルクロードであり、色彩の乏しい風景と頬に当たる乾いた風、そしてこの空は、古来何も変わりないのだろう。大地と風は古代の人類の営みを昨日のことのように覚えているのであろうか。さらに心を揺さぶるのは、ときどき見える日干し煉瓦の村の光景だった。電柱と電線以外は現代を感じさせるものは何も見当たらない。もしかするとシルクロードの時代から大きな変化はないのかもしれない、などと夢のような考えも頭をよぎる。レジェップさん以外の乗組員の心はいつの間にか現代から離れ、シルクロードに飛んでいた。そのため、エンドレスにカーステレオからはこのテーマが流れ続けた。

前方に直線的な山麓線をもつ山脈が見えてきた。池田さんが持参したランドサット衛星写真で確かめると、これは活断層の変位によって隆起した新しい山脈のようだった。山麓線に沿ってバスに走ってもらうと、車窓からは山麓に見事に発達している扇状地が見える。明瞭な断層変位地形は見つからなかったが、かわりにおもしろいものが見えた。

井戸のような穴が扇状地の最大傾斜方向にいくつか並んで見えるのである。おそらく乾燥アジアに広く見られる地下灌漑設備、カナートに違いない。だとすれば地下にはそれらの井戸を水平方向につなぐ横井戸が掘られていて、そこを水が流れているのであろう。実際に確かめたわけではないが、推測が正しいとすれば規模は予想以上に大きかった。

山肌に植生はほとんど見られない。乾燥度が増した頃からずっとそうだった。いま山並みを目の当たりにすると、横筋模様が見える。その筋に沿って樹種はわからないが幼木が植えられている。おそらく植林のあとなのだろうが、あまり効果があがっているようには見えない。トルコの内陸部にはハゲ山が非常に多い。いたるところで広野に放たれている羊の群れを見ると、人類が放牧を開始してから、羊の歯によって確実に植生が破壊されていった様子が目に浮かぶ。もちろん羊のせいばかりではないだろうけれど。しかし、いったんハゲ山になると土壌浸食が起きてしまって、山は樹木を養う力を完全に失ってしまう。そしてそう簡単には回復することはない。そんなことを顎に手をあてて、車の窓から考えた。

写真40：井戸を汲む少年

車はほとんど休まずに、少し傾きはじめた日差しを背に東へ向かった。もうずっと半乾燥地帯を走り続けている。集落は山麓の谷口か湧水地帯にあって、村には必ず水飲み場がある。ときどき井戸の回りに子供たちが集まって遊んでいる。乾燥との戦いは厳しいものだろうとあれこれ思うと、余計にそんな光景は心を和ませる。

日がかなり西に傾いた頃、ハイウェイのかなたに都会が見えてきた。十一世紀セルジュークトルコ時代の都コンヤである。

(3) コンヤの雑踏のなかで

コンヤの街は商業活動が活発な地方都市といった雰囲気で、活気に満ちていた。狭い路地には人波があって、ふと「ペルシャの市場にて」の旋律が浮かぶ。明日からのバイラムをひかえる今日は大晦日に当たるので、なおさら賑わっているのだろう。日本の大晦日の下町に共通する空気が漂っていた。

目指すホテルを目前にした街の中心のロータリーで交通渋滞にあった。日中走ってきた、人の疎らな荒涼とした風景とは対照的な雑踏があった。トルコ人は礼儀正しいけれど、運転のマナーは日本並み(あるいは以下)で、やたらとクラクションを鳴らす。ロータリーは喧騒のなかだった。

その時である。金属質の破壊音と鋭い衝撃が背中を直撃した。後ろからきた乗用車が追突してきたのだ。こちらは完全に止まっていた時のまったく予期せぬ衝撃だった。振り返ると、後ろの車は家族を大勢乗せた古い乗用車だった。渋滞のなかでの追突なので被害はさほどではなかったが、たちまち野次馬が取り巻き、警官を交えての示談がその場で始まった。

わがレジェップさんもさすがにトルコ人で、口数は少ないが強気に交渉を進めている。もっともこちらは停車中だったので、非は全面的に他車にあった。数十分のやり取りの末、八万トルコリラ(約八千円、ただし物価水準を考慮すると八万円相当)で示談が成立。破損

写真41：コンヤで交通事故

の程度からみて日本でもそんなものかといった感じだったが、は、後ろの車の家族にとっては、とんだ大晦日の大出費になってしまった。

「これで一件落着、やっと宿へ行ける」と思っていると、一人の兄ちゃんが乗り込んできた。車は動きだし、その男の案内で下町へ入っていった。そして一つの木戸の前で止まり、やがてその中に入った。そこは普通の民家の中庭のようだったが、男はネジ回しとハンマーを持って来て、やがて車をカンカンやりだした。なんとなくウソ臭いが彼は修理屋だったのである。しばらくカンカンやってから、「タマーン（OK）！」と言われ、覗いてみると確かに傷口は塞がっていたが、かえってボディーにはハンマーのあとが痛々しく残っていた。

修理屋がどうしてそんなに都合よくそこにいたのか、ハンマーでの修理が八万トルコリラもしたのか、そもそもその金はどう支払われたかなどなど、「？」はいっぱい残ったが、レジェップさんと我々との間には言葉の壁が厚く、詳細を聞くことはできない。結局

「まあいいか、タマーン!?」になってしまった。旅は万事こんな調子であった。

7　アナトリアの風土と古代遺跡

(1) バイラムの朝

コンヤで迎えた朝は、クルバン・バイラム(犠牲祭)の朝だった。早朝四時頃に、ホテルのとなりの電柱につけられたメガホンから流れた大音量のコーランから、この朝は始まった。

「今朝は凄かったねえ」という池田さんと飯尾さんの会話に、私ははじめ何のことかわからなかった。聞こえなかったといったら二人にけげんな顔をされた。それほど凄い音量だったらしい。早朝のコーランは今朝だけのものではなく、毎朝夜明け前に流れた。バイラムの朝のものが特別なものかどうかは、目覚めなかったせいもあって私にはわからない。けれど街に出ると、すぐにこの朝が特別な朝であることがわかった。家々の入り口ごとに、まだ生々しい鮮血が多量に流れていた。数日前から大量に市場で売られ、家々に連れられていった小羊たちが、ここで神聖ないけにえとして神に捧げられたのだった。人々はこの儀式を通して神を祈り、またその肉をごちそうに変えることで、精神の安定と幸福を享受するのであろう。

正直なところ、残酷を感じずにはいられなかったが、異文化を見るとき持ち込む自分勝手な感性などは単なる邪念にすぎないのだから、そんなものは捨てて、神聖な目で心静かに正視しようと心に言い聞かせた。

写真42：テュズ湖のかつての湖岸線の痕跡（アクサライ西方の湖岸段丘）

（2）地平線と地殻変動

コンヤの街を出ると地平線が見える広野があった。昨日の車窓の風景も緩やかな起伏だったが、ここで見えるものはまったくの平らな大地だ。

現在テュズ湖という差渡し五〇キロを超える大きな塩湖がこの付近にある。しかしこの湖はかつて、差渡しで数倍の規模に拡大していた時期があった。広野の地表に堆積している白色のアルカリ塩類と、山麓に見事に残る湖岸段丘が、それを裏付けている。湖岸段丘はかつての湖水面の水位を示しており、その高さから、湖水準が数十メートル以上高かった時期があったことは確実である。いま走っているところはもとより、コンヤの街もかつては湖底であったに違いない。

コンヤから一五〇キロ東方にアクサライという街があるが、このあたりから風景は一転する。付近には北西－南東方向にのびる、長さ約八〇キロの直線的な山脈があって、これがテュズ湖の東縁を限っている。衛星写真で見ると、この山脈の麓のラインはきわめて直線的で、活断層による変位を受けているらしい。東側隆起の縦ずれ変位ばかりでなく、横ずれ断層地形もありそうだ。また、この地域には標高四千メートル近いエルジャス山をはじめ、多くの新しい火山もある。比較的小規模な単成火山も車窓の左右に次々と現れる。

この付近は標高一二〇〇メートルほどで、空気は乾燥していて、半袖一枚では肌寒さを感じるほどだった。しかしこの時、気温は三五度を超えていたらしい。

アクサライ東方の地域は、火山から噴出したイグニンブライト（溶結凝灰岩）からなる台地状の地形である。この地層に流水や風の浸食作用が働いて、何とも奇怪な現象を生み出しているのだった。

(3) カッパドキア

やがて台地を刻む小川が見えてきた。川沿いには緑の木々が繁茂し、木陰にたたずむ村人の姿が見える。その谷沿いに遡って行くと、突然、言葉を失い、呆然と立ち止まる風景に出会った。高さ数十メートルの、鋭いがやや丸みをもった円錐形のイグニンブライトの岩が、たくさん、まさに林立しているのだ。

地表付近は比較的固結度の高い硬い岩石からなっているために浸食されにくいが、谷がひとたびこれを刻み込んで、下にある浸食されやすいイグニンブライトがむき出しになる

写真43：カッパドキアの大パノラマ（ギョレメ）

写真44：カッパドキアの家並み

と、このような奇怪な、けれど見事な地形が形成される。

それにしてもどうしてこんな地形ができあがるのだろうかと、誰もがとたんに地形学者となり、やがて科学的推理力の限界を感じて、神の造形物と決めつけてしまう。それほど

写真45：溶結凝灰岩の奇岩と住居跡（ギョレメ）

写真46：不思議なキノコ岩と上弦の月（ギョレメ）

の迫力がある。ここで見るイグニンブライトの浸食作用に対する特異な反応様式は魅力的で、おそらくどんなプロの地形学者をも興奮させるであろう。

さらに上流へたどり、谷頭部まで行くと、谷の両側は数十メートルの断崖となっていた。この付近はウフララの谷と名付けられていて、よく見ると断崖に人工的な四角い穴が開けられていた。そのうちの一つに入ってみると、中には壁画が施されていて、絵のなかにはキリストを描いたものもあった。

聞くところによると、ここは、キリスト教圏であったこの地にイスラム教の勢力が及んだ頃、その迫害から逃れるために潜んで暮らしていた人々の、生活の場や祈りの場であったらしい。その後の斜面崩壊によって崩れているものも多くあるが、それでもなお、穴の数は数えきれず、穴からひょっこり当時の住人が顔を出しそうな雰囲気をいまだに残している。キリストらしき絵を見ると、顔の部分が故意に剥されているものが多く、そのことが物語る悲惨な歴史に胸が痛い。

イグニンブライトの台地における人間の居住跡は、

写真 47：深く垂直に刻まれたウフララの谷

次に訪れたカイマクルにもあって、これは驚愕に値した。地表部は凝灰岩を削った墓地になっていて、生活の臭いを感じさせない。しかしその地下には多くの人々が暮らした都市があった。現在も考古学的な調査は進行中で、全貌はいまだ明らかにされていない。

ここはしっかり観光地で、一部の空間は公開されている。そこに入ってみると、地下都市の入り口には扉代わりと思われる大きな丸い石が置かれていて、敵の襲来に備えた様子がしのばれる。体を少しかがめて通り抜けられる地下道の両側には、三畳間ほどの部屋がいくつもあって、かまどもある。かりそめでない、しっかりとした生活が営まれていたことが見てとれる。聞くところによると、換気設備も完備されていて、居住者の数は数万とも言われている。

写真48：崖の途中の洞窟内の天井に描かれたキリスト（ウフララ）

地下道はしだいに深度を増し、暗さと不気味さが恐怖心を抱かせる。どこまで続くのかと不安になった頃、観光用の通路はやっと上り坂に転じ、やがて地上の光が見えてきた。ウフララの断崖に刻

写真49：カイマクルの地下都市の入り口に転がる大岩

まれていた居住跡と同様に、隠れキリシタンたちの居住地との説があるが、居住者たちの素性は地下道の終点とともにすべてまさに闇の中であった。

　いわゆるカッパドキア地方の中心はギョレメである。ここには円錐形やキノコ型をした奇怪な浸食地形が三六〇度の大パノラマのなかに展開する。目の前の風景のスケールの大きさには、ただ唖然として、恐れ入ってしまう。夜ひとりでここに立ったらどんな気分になるだろうかと、想像しただけで怖くなる。

　この世のものとは思えない不思議な世界の背景には紺碧の空があって、中空に上弦の月が浮かんでいる。この地はまるで別世界だ。

（4）ヒッタイトの都

　三日目は半乾燥地帯をさらに三〇〇キロ旅をして、紀元前のヒッタイトの遺跡を訪ねた。南方からのアプローチは山越えのルートだった。

写真50：なだらかな斜面に広がるヒッタイト帝国の都ハットゥシャ（ボアズカレ）

荒涼とした山岳地帯のなかの悪路を延々と走り続け、谷に沿って下っていくと、やがて谷が石灰岩を深く削り込んで作った狭窄部が見えてきた。これはまるで天然の砦のようにそびえていて、その先に何かがあることを予感させた。

ここを抜けると急に視界がひらけて、北向きの緩やかな山腹にヒッタイト帝国の都ハットゥシャ（現在名ボアズカレ）が静かに横たわっていた。とくに大きな案内板もなく、まさに黙って時を超えてそこにあるといった感じだった。

考古学書をひもとくと、ヒッタイトは紀元前一七〇〇年ころにアナトリア地方を初めて統一した王国であったという。その記録は楔形のヒッタイト文字によって詳しく残されていて、二〇世紀初頭におけるヒッタイト語の解読によって、ヒッタイト人はインド・ヨーロッパ語族に属し、現在のウラル・アルタイ語族のトルコ人とは異なっていたことがわかった。

ヒッタイト王国は、紀元前一二八五年の五月にエジプト王国と戦火を交えて善戦し、一

写真51：ハットゥシャを歩く

六年後に和親条約を締結した。この時の条約文はハットゥシャとエジプトのテーベの双方に残されていた。その後、ヒッタイト王ハットゥシリⅢ世の王女は、エジプト王ラムセスⅡ世の王妃になり婚姻関係を結んでいる。このようなエジプトを脅かすほどのヒッタイトの隆盛は、当時、金の五倍の金額で取り引きされていたという鉄の精製技術を独占していたことによると言われている。青銅器時代から鉄器時代への進化を、他地域に五百年も先駆けて達成していたのである。

この日、我々がたどったハットゥシャへの山越えの道は、三千年以上昔におそらくあったであろうエジプト王国人の来訪の経路に一致していたのだった。ヒッタイトの目が南方に向いていたことは、ハットゥシャの城塞都市ではっきりと確かめられた。

ハットゥシャは、二つの深く刻まれた谷に挟まれ、南方背後に山の斜面を抱く丘の上にあって、地形をうまく利用した山城だった。都市への入り口は北側にあって、ここから入城する道はなだらかな上り坂だ。道を上がって行くと、まず、やや時代的に古い下市がある。大理石造りの住居址や大神殿跡が道の左右に見えてくる。さらに道を上ると、上市があり、多くの神殿跡が点在する。その背後は山の尾根であり、ここには都市を取り囲むように城壁が築かれている。

写真 52：ヒッタイトの聖地ヤズルカヤの巨岩に刻まれた神々（ボアズカレの東方）

写真 53：　ヒッタイトの都ハットゥシャの「獅子の門」（ボアズカレ）

この城壁は東側に王の門、西側に獅子の門と呼ばれる城門をもっている。

そして城壁の真ん中に、ちょうど南の方向に向けてイエル・カプ（地下道の門）がある。入ってみると、高さ約五メートル、長さ七〇メートルの地下道がのびていて、これを抜け

写真54：ヒッタイトのイエル・カプ（地下道の門）

写真55：騎馬隊が駆け抜けたであろうイエル・カプ

ると南方の城外へ出た。そこから続く斜面は比較的緩やかな下り坂で、おそらく当時は、騎馬隊がこの門を走り抜けて南方へ飛び出して行ったに違いない。まさに〝突撃門〟であったのだろう。

突撃門の前からハットゥシャを見おろすとその規模は壮大で、ギリシャのアクロポリスにやや似ている。アクロポリスほどの華麗さはないが、アクロポリスより千年も古い、荒涼とした風景の中にあるハットゥシャはより魅力的だ。この場所に立って、流れる雲と、雲間からもれる、いく筋かの太陽光を見ていると、自分はなぜここにいるのだろうかと不思議に思えてくるのだった。

(5) アンカラの街で

トルコの内陸はまだまだ広く、さらに東方の土地に対する憧れはますます大きくなった。けれど残念ながら今回の旅はここまでということになり、ハットゥシャを後にした。ここからイズニックは遙かに遠く、一気に帰ることはできない。今日はひとまずアンカラまでもどることになった。

夕闇迫る頃、首都アンカラに着いた。さすがに大都会である。しかしバイラムの休暇中なので、街は正月の東京のようなもので、普段の活気を見せてはくれなかった。なんとなく寂しい気分になった頃、目指すホテルも簡単には見つからず、レジェップさんもきょろきょろしながらミニバスを走らせていた。
その時、後ろからパトカーが迫ってきて、我々の車に停止を促した。きょろきょろして
いるうちに信号無視でもしたのかと思った。レジェップさんが車から降りて、警官となに

写真56：首都アンカラの兵士の像

写真57：アンカラの街で警官に呼び止められたレジェップ

やら話を始めた。

やがてレジェップさんがもどって来て言うことには、その警官はイズニック出身で、イズニックから外国人を乗せてはるばるやってきた我々のミニバスを見つけて声を掛けてきたのだという。ちょうどこちらもホテルを探してさまよっていたところだったので、これは好都合だった。その後はパトカー先導のもと、無事目指すホテルにたどり着くことができた。

古来、多くの民族がアナトリアを去来した。そんな歴史がそうさせたのか、トルコ人たちは旅人に対する温かいもてなしを心得ていて、そのことが我々をたびたびほっとさせてくれたのだった。

(6) 旅を終えて

今回の内陸への旅では、さらにいくつかの時代の異なる歴史の遺産を、アンカラ周辺で味わうことができた。なかでもアンカラ考古博物館には、国内の重要な遺物がほとんど集められていて、とても数千年前のものとは思えない見事な美術品を見ることができた。前日訪れたハットゥシャから出土した古代の美術品もすべてここにあり、現地で思い描いた世界との対面が果たされた気分だった。また同時に、今回見たものがアナトリアの壮大な歴史のほんのひとかけらにすぎないことも痛感させられたのだった。

こうして我々の短い、けれどずしりと重い旅は終った。

イズニックにたどり着くと、エーゲ海グループは一足先に帰っていて、本蔵隊長が「ややあ、無事に帰ってきたねえ」と迎えてくれた。そして松島君と西上さんがすっかり日焼けした顔を後ろからのぞかせて、

「エーゲ海はほんとよかったですよ」

「ほんと、ほんと。こんなエビをねえ……」

と言って両手を広げた。さっそくこんな先制攻撃を受けた内陸班は、充分に予期していたにもかかわらず、なぜか寡黙だった。きっとみんなアナトリア高原を思いだして胸が一杯だったに違いない。

この次は、華やかなエーゲ海地方へも行ってみたいし、またさらに内陸のチグリス・ユーフラテス川の源流地帯へも行ってみたいと、夢はどんどん広がった。

〔注〕ヒッタイトについては立田洋司著『古代アナトリアの遺産』（近藤出版社）および大村幸弘著『鉄を生みだした帝国—ヒッタイト発掘』（NHKブックス）を参考にした。

8　魅惑の街イスタンブール

(1) ボスフォラスの向こう側

ボスフォラス海峡の向こうにあるイスタンブールへ行くには、船で海上を渡るか車で架橋を越えるかのいずれかであった(一九八八年当時)。

ボスフォラス海峡沿いはもとよりマルマラ海や黒海岸の港からは、イスタンブール行きの定期船が頻繁に出港していて、調査地イズニックからの帰路に、我々も一度マルマラ海南東岸のヤローバの港から乗船した。

その日は港に着くとマルマラ海は波静かだった。出港時間までしばらく時間があったので、岸辺のレストランで、マルマラ海とそこに浮かぶ船を眺めながらビールを飲むことにした。しばらくして乗船時間が近くなると、港はすっかり乗客であふれかえっていた。

ビールを片手にのんびり構えていた我々が、そろそろ出港かなと甲板に上がった時には、もうすでに腰掛ける座席などはひとつもなかった。客室は船底に近い一階と、波しぶきをあびる甲板上にある二階とに分かれていた。人波に押されて、我々はなんとなく一階のほうへ入った。

船底に近い客室の中はちょっと薄暗く、数人のリュックをかついだヨーロッパ人の若者のほか、乗客は皆トルコ人で、生活の香りが強かった。それもそのはず、船賃は驚くほど安くて、日本の市バス代程度なのだ。出港間際のさっきから、銀色の盆の上にチャイ（紅茶）グラスとコカコーラの瓶を載せたウェイターが、「チャイ、コーラ、チャイ、コーラ」と繰り返し独特のひしゃげた声を発しながら売り歩いている。

やがて出港の汽笛が鳴った。マルマラ海は穏やかで水面に日の光がきらきら輝いている。海だというのに潮の香りはなく、海上を吹き渡る風も、太平洋みたいに肌にまとわりつくようではなく、潮風というより爽やかなそよ風だった。しばらくはマルマラ海から眺めるトルコの丘陵状の大地に見とれていた。

数十分たって海上の景色に見あきたころ、一人の男が荷箱を開いて立ち上がった。そして「さあ、お立会い」と声高に叫ぶと、何物かを取り出してかざした。はじめは大道芸かと思ったが、そうではなく、どうやら行商らしいということがしだいにわかってきた。品物は野菜の皮むき器とか香料入りの造花、アイディア文具などのなかなかの便利物で、鮮やかに使い勝手を披露した後、乗客に適当にばらまいて、品物を気に入った人からだけあとでお金をもらうという方法をとった。

それにしても船の中の退屈な客を相手にするとは考えたものだ。気に入らずに返す人も多いので、大儲けとはいかないようだったが、それでもなかなかの繁盛ぶりだった。おもしろがって買う、買わないと言い合っている旅行者や、「あれ買ってぇ」と親にせがむ子

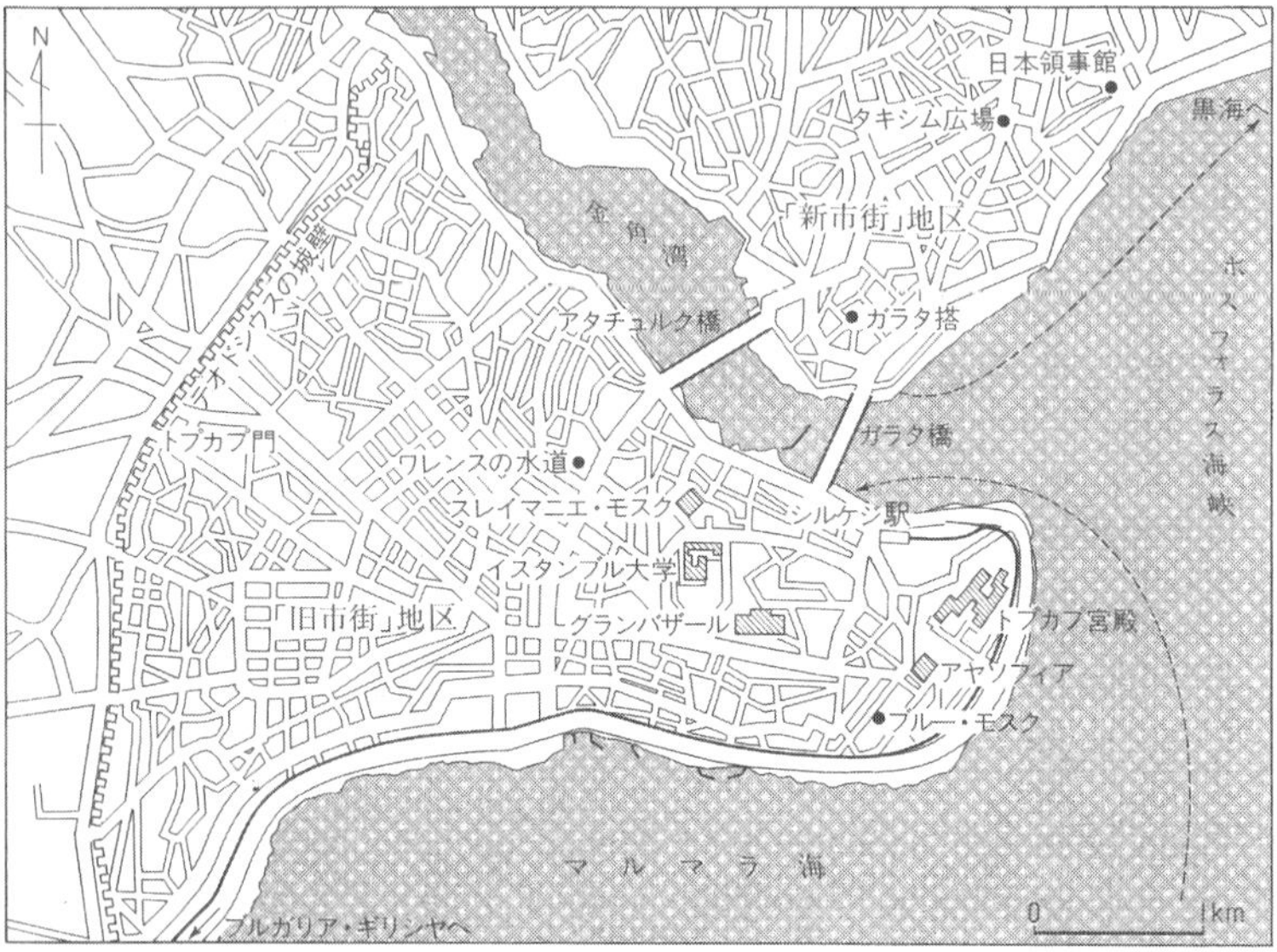

図８：イスタンブール市街図（1988年）

供たちの声で船室は賑やかになり、こちらもすっかり楽しんで一緒に笑った。相変わらず会話の言葉はわからないままだったが、しだいにそのことが不自由でなくなっていた。

そんな庶民的な愉快な船旅は、マルマラ海に浮かぶ小さな島をいくつかめぐりながら数時間続き、やがて魅惑の街イスタンブールが見えてきた。

船着場は、ボスフォラス海峡に臨むエスチュアリー（三角江）状になっているゴールデンホーン（金角湾）の入り口にあった（図8）。イスタンブールの街は丘陵状の地形なため、船上に居ながらにして、いろいろな街並みが目に飛び込んでくる。

少し傾いた古びた黄色っぽい壁の三階建てくらいのビルが、所狭しと水際まで建ち並ぶ。金角湾には浮橋構造のガラタ橋が架かり、そのうえには大勢の人と車が行き交っている。少し薄汚れてほこりっぽいところに歴史を感じさせるガラタ橋は、二階建て構造になって

写真58：船上から眺めるイスタンブールの港

写真59：ガラタ橋の下の遊歩道に軒を並べるロカンタと客引き（屋根の上は車道）

写真60：港に横付けした舟上の魚市場
（サバをフライにしてパンに挟んで売る）

いて、上は道路、下は魚料理のロカンタ（レストラン）やチャイハネ（茶店）が軒を並べる遊歩道になっている。

見上げると、丘の上はオスマン・トルコ時代にスルタンが住んでいたトプカプ宮殿があり、堅固な城砦が海峡に臨んでいる。宮殿の近くにはドーム状の屋根をもつ巨大なモスクがいくつも建ち、それぞれのモスクの四方を固めるミナレット（尖塔）が天を突く。

やがて船から降りると、人いきれを感じる雑踏にすっぽりとおおわれた。水際では、漁船を岸に横付けしてサバやサンマやスズキなどの新鮮そうな魚を売っている。そのとなりでは、舟の上でサバを開いて大きな鉄板の上でフライを作り、コッペパンに挟んで実にうまそうなサンドイッチを作っている。路上では、雑誌売りやミュージックテープ売りやお菓子売りが露店を出し、その中に混じって少年がおおきな透明のガラスの容器に飲料水を入れて売り歩いていた。

大通りに出ると、そこには黄色いタクシーをはじめとする多くの自動車があふれかえっている。このあたりはヨーロッパへ続く鉄道のターミナル駅もあるイスタンブールの交通の中心地なので、交通量が大変多い。道路はガラタ橋の方向へのみの一方通行規制になっている。自動車が道いっぱい四列くらいに並んで競いあうように走り、そのあいだをぬって、人々がひょいひょいと走り抜ける。一般の（過保護な？）日本人には道路の横断はほとんど不可能だ。そのため街角で戸惑っている人がいると、ほとんど皆日本人だった。

写真61：イスタンブールの船着き場の前を行き交う黄色いタクシーと人々

（2）「旧市街」と「新市街」

船から降りて上陸した金角湾の南岸地区を旧市街、北岸を新市街と呼ぶことがある。旧市街にはトプカプ宮殿が海峡に臨む高台にどっかりとそびえ、その城下町といった風情がある。付近には東ローマ（ビザンチン）帝国の皇帝ユスティニアヌスI世によって、ギリシャ正教の総本山として建築され、その後

写真62：トルコのイスラム教の大本山ブルーモスク

オスマン・トルコ時代にモスクに改造されたアヤソフィアや、これに対抗してオスマン・トルコのスルタン（アーメットI世）が一七世紀に建立したブルーモスクがある。アヤソフィアは建立後千年間、世界一の教会であったというし、またブルーモスクは帝国のイスラム教の最高峰であったために、メッカの総本山と同じ六本のミナレットをもっている。二つのモスクに挟まれた庭園にはエジプトから運ばれてきた巨大な石塔（オベリスク）もそびえる。ここには強大な権力を誇ったかつての大帝国の栄華の跡が、画然と保存されていた。

世界にその古い歴史を誇るイスタンブール大学も付近にある。また、さすがは世界一を誇った商業都市イスタンブールと思わせる、四千もの小店が軒を並べるグランドバザールがあるのもこの一角である。ビザンチン帝国からオスマン・トルコに続く千六百年の栄華は、文化や生活の豊かな香りにも満ちていた。

一方、ガラタ橋より北は新市街と呼ばれる。この呼び名はあくまで相対的なもので、こちらも大変古い歴史を実はもっている。五世紀にはすでにコンスタンチノープルの郊外として重要な位置を占め、皇帝テオドシウスⅡ世が防備のための砦を築いた。その後ビザンチン帝国の時代には外国の商人たちの重要な商談の場となったという。

その伝統は今に残っていて、この地区の記念碑的存在である、円筒形にとんがり屋根のガラタ塔や、その一角の街並みには南ヨーロッパ的な趣がある。狭い路地の坂の途中には、所々にローマのような階段があって、両側には五階建てくらいの古いビルがびっしりと建ち並ぶ。歩いていると住人の話し声が聞こえたり、見上げると路地をまたいで洗濯物が干してあったりする。

写真63：中世から栄えるイスタンブール新市街地

新市街という言葉がまさにぴったりくるのは、ここから一キロほど離れたタクシム広場付近である。このあたりには手入れの行き届いた広い公園や国際会議の開かれるホール、外国人が多く出入りする高層の近代的ホテルが整然と建っている。こういったホテルではテレビのスイッチを入れると、ヨーロッパやアメリカのテレビ番組がはっきりと映る。

海外の各国は首都アンカラに大使館を置いているが、イスタンブールには領事館を置い

写真 64：銅皿細工師の工房

写真 65：絨毯屋の笑顔

ている。これが集まっているのもこの地域である。通りを歩く外国人も当然多く、彼らを相手にするカーペットや銅細工の工芸品、レザーファッション、宝石貴金属などを商う高級店や、ナイトクラブなども建ち並んでいる。政治的な機能は遷都のおかげで軽減されているものの、いまだにイスタンブールはトルコの表玄関である。

旧市街にはきれいな刺繍が施されたトルコの〝きもの〟が似合い、新市街のガラタ塔付近には普段着の洋服が、タクシム広場には背広が似合う、そんな感じだった。

（3）イスタンブールのなかのアジアとヨーロッパ

イスタンブールへ東からやって来た人はここにヨーロッパを、西から来た人はアジアを感じるという。

タクシム広場付近に見られるような整然とした街並みや、ガラタ塔周辺の南ヨーロッパ的な生活の臭いのあるビル街にいると、「ああヨーロッパだ」と感じる。道行く人のなかにも金髪のヨーロッパ人は多く、ショーウィンドーの中にもトルコ色の合間に洗練されたヨーロピアンファッションを目にする。通りに面した屋外のカフェテラスには燦々《さんさん》と日の光が降り注いでいて、賑やかに語りながらマクドナルドのハンバーガーをほおばっていたりする。

ひとりのアジア人の感想であることはどうしようもないことだが、新市街の街並みには

写真66：タクシム広場にて
（左から、ムスタファ、飯尾、アリ、松島）

確かにヨーロッパを感じた。また、旧市街にいても、アヤソフィアは現在ドーム状の屋根のモスクに改造されているとはいえ、そこここに原形であるキリスト教会の重厚で直線的な造りが見え隠れしていて、ローマ時代の名残がある。街中には今も四世紀ころに造られたといういわゆるローマ水道の水道橋があったり、地下には大理石造りの巨大な水道用の貯水池があったりする。ヨーロッパへ地続きであることをつくづく感じさせる光景があった。

　ところが一部の外国人を除くと、ここを行き交う人はイスラム教を信仰するトルコ人である。モスクから流れるコーランが街中に響くのを聞くと、イスラム圏にいることを改めて思い出す。この街における生活習慣や常識はイスラム教に強く支配されていた。

　イスタンブールの街中では、女性が胸を張って歩いている。トルコの国内ではこれは稀なことであり、その点ではかなりヨーロッパ化されていると言えようが、それでもこの街に育ったトルコ人のアリやムスタファの話によると、女性はいまだに保守的だという。アリは一七歳まで住んでいたブルガリアと比較して、つくづくこう言うのだった。結婚には両親かそれに変わる保証人の承認が必要だ。また結婚に結び付かない交際は御法度で、〝不誠実な〟男は女性の親族に殺される。そう語る彼の目は真剣だった。

こういう状態だから当然のことかもしれないが、ヌード写真などは一切出版禁止だった。そのため、イズニック滞在中に日本から送られてきた中日ドラゴンズの活躍を伝えるスポーツ新聞でさえ、その中の娯楽面の記事には、思わず人目をはばかってしまうものがあった。

トルコ人は外国の慣習に対しては寛容で、自分たちの常識を高圧的に示そうとはしない。しかし実は非常に厳格な考え方を持ち続けているようだ。肌を露わにして歩いている女性をイスタンブールでよく見かけるが、彼女らは決してトルコ人ではなく、自分の常識しか持ち合わせていない、ヨーロッパ人観光客である。

写真67：グランドバザールに集うさまざま国籍の人々

写真68　ガラタ塔から望むガラタ橋
（橋の手前は新市街地、対岸は旧市街地）

そんな中に日本人はいないと信じたいものだ。（幸いにして八八年当時、イスタンブールはまだ日本から遠い街で、そのため軽薄な日本人旅行客は少なかった。）

厳格な社会には当然ひずみが生じる。その解消のためか、ガラタ塔付近の狭い路地の奥には公認の歓楽地帯があった。入り口には警備の警官が立っていて、カメラなどの持ち込みは厳重にチェックされる。この一角が作られたいきさつは知らないが、明るいイメージはない。どんな国でも宣伝したくない面も持ち合わせている。そこに図々しく立ち入ったり、声高に語ったりしてはいけないのだろう。誇り高き厳格なイスラム教徒という顔は、愛嬌たっぷりの笑顔の中にいつも隠されていて、つい忘れがちだが、しかし確かに堅持されていた。

増田四郎著『ヨーロッパとは何か』（岩波新書）によれば、西洋史における「ヨーロッパ」の一般的定義は、ローマの古典文化の伝統とキリスト教とゲルマン民族の精神だという。イスタンブールは東ローマ帝国のコンスタンチノープルから継続する都であり、当時の名残として最初の二つ（ローマ文化とキリスト教）の片鱗を感じることができる。とくにそれは、都市の機能ばかりでなくイメージにおいても重要な部分を占める建造物からで

写真69：イスタンブールに住むイシカラ教授とファミリー

写真70：イシカラ先生とアリに見送られて

あり、このようにイスタンブールという都市のハードの部分はかなりヨーロッパ的なのだ。ところがそこで暮らす人間やその考え方というソフトの部分は、明らかに西アジアに連続するアジアなのである。

これはこの街のたどった歴史からすれば当たり前のことなのだが、気心の知れたアリやムスタファの顔を見ながら、ふとした時にそのことに気づくと、彼らの街イスタンブールにますますいとおしさを感じるのだった。

第二章　東欧革命前夜のバルカン半島［1988］

写真71：トルコ調査終了後、ひとりリュックを担いでバルカン半島へ出発

筆者は一九八八年の夏、二カ月間トルコに滞在してから、ひとりでバルカン半島を放浪した。言葉も民族も異なるブルガリア、ルーマニア、ハンガリーを巡った。本章は八九年の春に彼の地の様子を書き下ろしたものである。

バルカン半島は八九年秋以降、東欧革命とも呼ばれる激動期を迎えた。そのため本章は、まさに革命前夜の街や人々の様子について綴った貴重な記録となった。

1 バルカン上陸

(1) トルコ・ブルガリア国境

「パスポート・コントロール」

薄暗い客車の廊下で寝ていた私の頭上で、トルコ人の役人の低い声がする。ブルガリアとの国境に接するカピクーレに着いたらしい。出国検査は駅舎内で行われるため、満員の乗客は外に出るよう促された。駅の時計は午前二時四〇分を指している。夏も終わりに近いだけに、やや湿気を帯びた外気も冷やかだった。

蛍光灯が白々と灯る駅舎内にはすでに長蛇の列ができていて、バカンス旅行からの帰りらしい賑やかなヨーロッパ人学生のほか、おそらくこれからヨーロッパ方面へ仕事に行くのであろうトルコ人やアラブ人、どこへ何をしに行くか私には見当のつかない無表情なトルコ人やスラブ人の家族連れが目につく。幸いなことに日本人に対するパスポートチェックは比較的緩いようで、私の番は何事もなく過ぎた。

図9：バルカン諸国と旅のルート

　ここまで乗ってきた列車は、イスタンブールを発する一日一本の国際列車で、オリエントエクスプレスという名前から想像するのとは大違いの薄汚れた客車だった。前日の夜、発車三〇分前の八時二〇分にイスタンブールのシルケジ駅にリュックをかついでたどり着くと、八人用のコンパートメントは明かりが消されていて、すでに八人の乗客が座っていた。

写真 72：オリエント急行の始発、シルケジ駅

写真 73：ウィーン行きの夜行列車の前で

見送りに来てくれたトルコ人の友人アリが彼らの切符をチェックして、おもむろに「ここが君のベッドだ」と、客車の廊下を指さした。なんとチケットがダブルブッキングされていて、私は八人部屋の九人目だったのである。そんなわけで予約券をもっていたのにも

かかわらず、廊下に野宿する羽目になった。

車内にはいろいろな客がいて、本当なら私の寝床であったコンパートメントには、ハンガリー人老紳士とその娘と数組のトルコ人家族たちが眠っていて、となりのコンパートメントでは一見旅行客風の黒人グループが声高に会話をしている。寝台車（クシェット）連結は週一回のみのため、この日の車両は客車のみで全車両満員だった。

イスタンブールからヨーロッパへ向かって列車は走っているというのに、夜汽車の窓から見える青白い月明かりに照らされた外の風景はどこかもの悲しく、最果ての地に向かっているような気にさえさせる。丘陵地が延々と続く単調な光景に退屈して、数時間うたた寝をしていると、列車は国境まで来ていた。

緊張のパスポートチェックがすむと、トルコリラはすっかり用なしになったことに気がついた。このあと持っていても再両替は望めそうにないので、残りの紙幣を駅構内の雑貨屋でミネラルウォーターに換えた。この水と日本から持参したカロリーメイトだけが、明

写真74：シルケジ駅から鉄路はヨーロッパへ

日の午後までの食料だ。水を一口飲んだ後、再び列車の廊下で横になった。

列車がきしんで動き出す音に気がつくと、時計は五時を指していた。どうやらカピクーレに二時間半も止まっていたらしい。外は白々と夜が明けて、冷えきった関係にあるブルガリア・トルコ間の国境が見える。列車はゆっくりと国境を越えて、ブルガリア側の国境の駅スヴィレングラードに着く。ここで今度は制服を着たブルガリア人の係官が乗り込んできて、入国審査が始まった。係官は男女でやって来た。これはトルコ国内とは異なる光景だ。

ブルガリアの観光ビザをすでに取得していたせいもあって、ここでも私に対するチェックは緩かった。だが、コンパートメントのトルコ人たちに対するチェックは大変厳しかった。そんな様子を覗き込むわけにもいかないので、視線は自然と窓外へ向く。そこには樹木が疎らで、荒涼とした丘陵状の草原が広がっていて、そこここに鉄条網が張られているのが見えるばかりだ。

トーマスクックの時刻表によれば、六時にスヴィレングラード発の予定になっていたが、列車が満員だったためか、結局三〇分遅れでやっと列車はソフィアへ向けて、朝もやのなかを走りだした。

窓を開けて、早朝の冷たい風に吹かれながら田園風景を眺めていると、となりでやはり廊下に寝ていたヨーロッパ人女性が、「寒い」とこわい顔でとがめた。しかたなく窓を閉

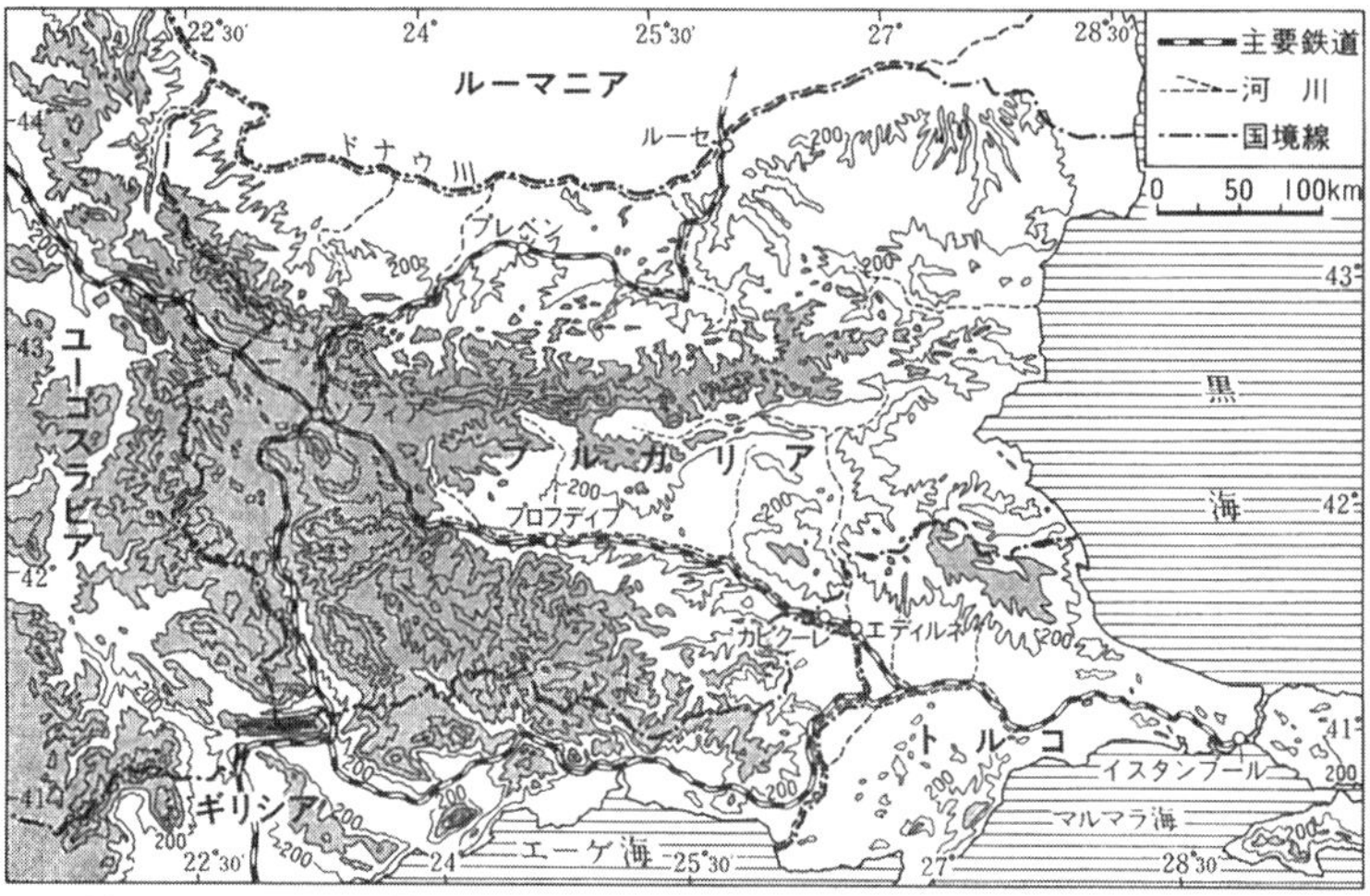

図 10：ブルガリア周辺図
（標高 500m 以上にアミかけ。等高線間隔は 500m）

めての車窓見物となった。そうしていると、パスポートチェックから解放された安堵感も手伝って、知らず知らずに居眠り混じりとなっていた。

車窓に見える田園風景は、ポプラ並木と水路と畑が見え、一見のどかである。しかし畑の作物に目を凝らすと、わずかばかりの野菜やとうもろこしやひまわり、樹高の低いりんごなどの果樹以外は見あたらず、乾季のためか、荒れ地状の土地がかなり目につく。

たまに通り過ぎる村には、素朴な淡い色調の赤煉瓦屋根の家々が並び、のどかでひっそりとした雰囲気が漂っていた。教会らしき建物も見え、ドーム状の屋根はモスクを思わせた。トルコとの関係が険悪であるブルガリアにおいて、イスラム教の立場はいったいどんな状況なのだろうかと気になってくる。

あまり険しくない山岳地帯と、広い盆地とを交互に抜けて、列車は正午過ぎ、一時間半遅れで、標高五五〇メートルの高原上の街ソフィアに着いた（図10）。駅名を知らせる車内放送などないので、もう二時間も前から落ち着かなかった。幸いソフィア駅は大きくて、さすがに一目でそれとわかった。が、ここでちょっとハプニング。降りようとした列車のドアが開かない。他の旅行者も騒いでいるのでなんとかなるだろうと待っていても、一向に駅員の来る様子もない。そうこうしているうちに他のドアからは乗客が乗り込んでくる。いよいよあわてて別のドアまで、大きなリュックを通路の壁にぶつけながら

写真75：ブルガリアの首都ソフィアの街並み
（右手遠方にアレクサンドル・ネフスキー大聖堂のドーム）

走るはめとなった。前途多難な東欧の旅を象徴しているかのようだった。

（2）ソフィアの街

ソフィア駅の建物は新しく、近代的で無駄のない直線的なデザインだったが、なんとなく無機的な感じがした。構内にはローマ字表記はなく、すべてロシア語と同じキリル文字で表示されていて、そのことが、文字を読めない私に対してさらに無機的な印象を強めていたのかもしれない。

駅を出ると、天候は快晴に近く、極度に乾燥した風が吹いていた。そのせいか景色はなんとなく白んで見えた。

写真76：ソフィアの整然とした大通りを行く市電

市内には市電網が整備され、計画的な整った街並みをしている。街の中心部には、ローマ時代に建設されトルコ占領下の一六世紀にはモスクとしても使用されたセント・ジョージ教会や、トルコ人によって建てられたモスク（バニャ・バシ・ジャミヤ）、一九世紀に、ブルガリア解放のためにトルコと戦って死んだロシア兵士を讃える目的で造られたブルガリア正教のアレクサンドル・ネフスキー大聖堂などが

写真77：アレクサンドル・ネフスキー大聖堂（PIXTA提供）

建ち並び、この地を舞台とした民族攻防の複雑な歴史を物語っていた。

八八年当時、この国は東欧のなかで最も親ソ的と言われていたが、確かに街のまさに中心が、レーニン像がそびえる広場になっていた。

ブルガリアとソ連はたんに政治的に近いというだけでなく、文化的にも近いものがある。キリル文字はその一つだが、ブルガリアではロシア語教育は必修で、ほとんどの人がロシア語を話せるらしい。また両国語はそもそもよく似ていて、ゆっくり話せば、それぞれの言葉をまるで方言を聞き取るように理解することができるとも聞いた。

ソフィアでの滞在は、国営のバルカン・ツーリストに行かないと、外国人向けの高級ホテル以外は予約できなかったり、公定レートで現地通貨（レバ）に両替したという銀行の証明書を持っていないとトラブルに巻き込まれるなど、制約が多い。

また、初めて社会主義国に入り、初めてスラブ人と会った私にとっては、とくに女性

（公務員）の応対の冷淡さは驚きだった。駅で列車の切符を買おうとしたり、ホテルのフロントで用を足すだけで、何度叱られたような気分になったことか。でも、どうやらそれは単なるカルチャーショックであって、敵意の表れではないだろうとだんだん思えるようになった。そのうちなんとかして女性職員を笑わせてやろうと、思いっきりの笑顔を用意したり、おどけてみせたりした。だが、敵は大変手強かった。意地になって絶対笑ってくれない。好意的に解釈すれば、トルコの田舎のように、女性の笑顔を他人に見せるべきではないという道徳心からのこととかとも考えられる。しかしブルガリア育ちのアリの話では、街角でウィンクすれば女性と仲良くなれるということだったので、そのことを思い出すと「うーん」とうなってしまった。

写真78：ソフィアの夜明け。左手がソフィア駅

ホテルの部屋のテレビはブルガリアの国営放送しか映らない。二つの放送局のうちの一局で、たまたまブルガリア民謡を放送していた。その民謡には思わず惹き込まれた。歌声はまるで少年少女合唱団のような発声法によるもので、声にもハーモニーにも研ぎ澄まされた美しさ

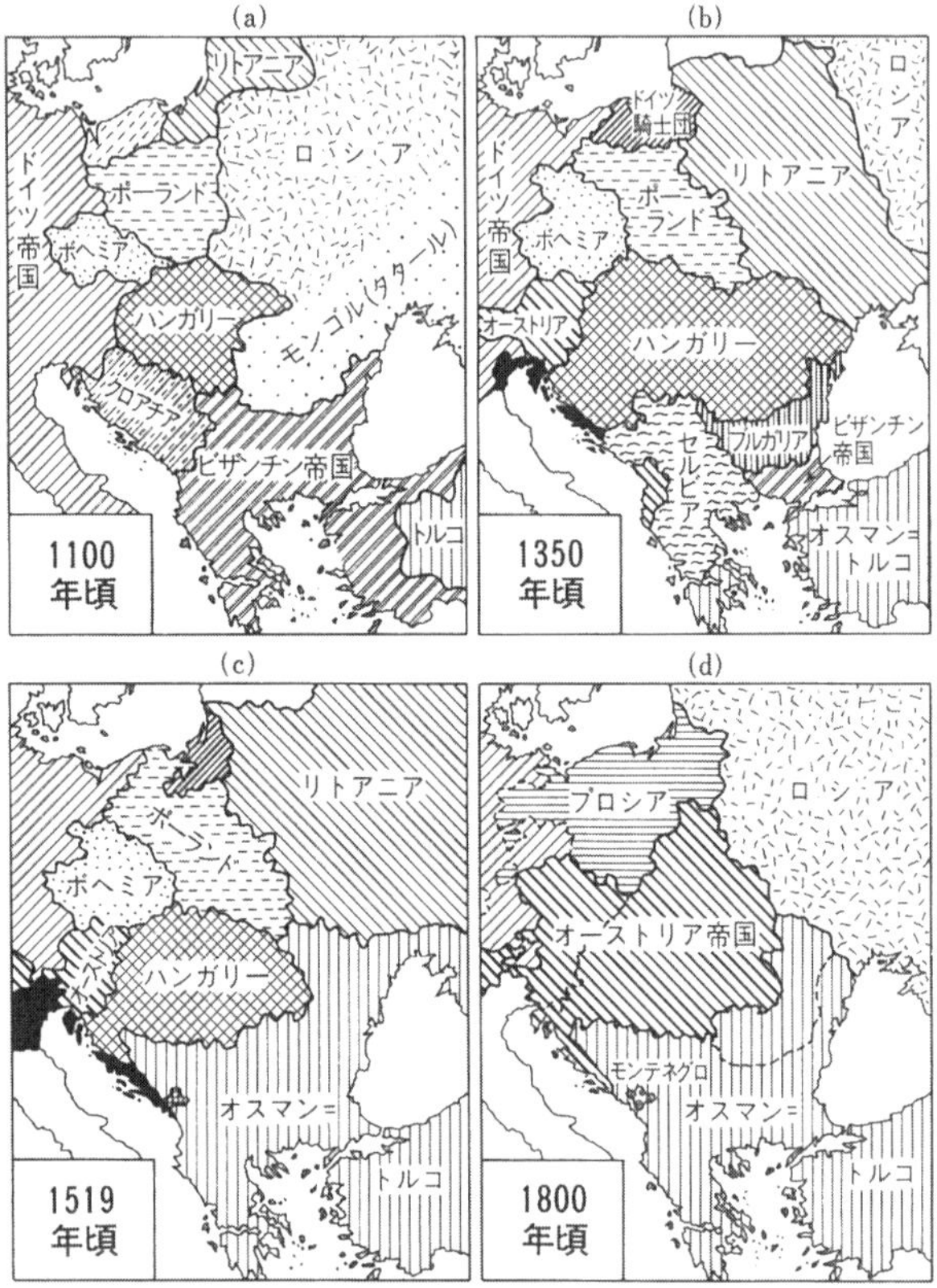

図 11：東欧の歴史地図（N. J. G. Pounds, 1969, "Eastern Europe" による）

をもっている。しかし、孤独感も手伝って、私にはその美しさの裏に潜む悲しげな響きが胸に沁みた。

ブルガリアは歴史上、何度も国際攻防の憂き目にあった（図11）。一九世紀末までの五〇〇年間、オスマン・トルコに支配され、このときブルガリア正教の教会では、自国語で祈りを捧げることが禁止されるなど文化的な抑圧も強かった。またそれ以前にもビザンチン帝国の支配下に置かれたり、マジャール（ハンガリー人）や十字軍に占領されたりもしている。そもそもブルガリアの起源は、七世紀におけるアジア系遊牧民族ブルガール人の建国とされている。しかしその後、彼らは先住民であったスラブ人に同化され、独自の言語も失い、今や国名にその名を残すだけだという（中村泰三著『東欧圏の地誌』古今書院、および南塚信吾編『東欧の民族と文化』彩流社による）。

ホテルで一人テレビから流れる民族音楽を聴いていると、この国の民族がたどってきた数奇な歴史が、音楽のなかにも色濃く反映しているような気がしてならなかった。

（3）ルーマニアに向けて

ソフィアからルーマニアのブカレストへ向かう列車に乗るのはひと苦労だった。ソフィア駅はヨーロッパに多いターミナル駅型ではなく、両方向に列車が発車するようになっている。そのためプラットホームの数は多く、キリル文字表記のみの案内板は私にはまったく役に立たない。おまけにソ連行きの列車まで停車している。列車探しには慎重を要した。駅でキョロキョロしていると、三〇歳位の男が近寄ってきて、ドルを買いたいと言ってきた。チェンジ・マネー以外の言葉はわからないようだったが、切符を見せてプラットホームはどこかとジェスチャーをまじえて尋ねてみた。するとOKといって、親切そうに客車まで案内してくれた。

客車に乗り込んでほっとして礼を言うと、彼はけげんそうな顔をしている。手を出されても、手数料を要求されていることがすぐにはわからなかった。一瞬、間をおいて理解したが、ドルを渡すのがなんとなくしゃくにさわったので、残っていたレバ紙幣を手渡した。彼は一瞬拒絶したあと、もっとよこせと言ってきた。このときにはさすがに「むかっ」ときた。お節介なほど親切だったトルコ人のことが懐しかった。これも国の経済状態がそうさせているのだろうか。しかしともかくこの時は、これでやっと列車に乗って先へ進めるとほっとした。

ソフィアからブカレストへ向かう鉄道は、イスタンブールから乗ったオリエント急行のような幹線ではないため空いていた。コンパートメントには、アテネからブカレスト大学に留学している兄弟に会いに行くというギリシャ人学生スタティス君と二人きりだった。八時四〇分にソフィアを発った列車は、一路、ルーマニアとの国境に接する街ルーセに向かった。

ここからルーセまでは七時間かかる。車内はすいていたため、しばらくすると暇になった車掌が我々のコンパートメントに入ってきた。

「ヤポーネッツ？（日本人かい？）」

写真79：ブカレスト行きの車内でブルガリ人車掌とギリシャ人学生スタティス君

「ダー（はい）」

笑顔で握手を求められて、ブルガリアに入ってから笑顔を見るのが久しぶりに思えたため、すっかりうれしくなった。日本語・ブルガリア語会話帳を利用して、お互いにその中の文を指さすことで会話が成立した。そのうち、文例を追っていた彼の目がやや真剣になった。

「お金を交換したい」を指さしている。どうやら彼もまたブラックマーケットを提案しているようだ。ブルガリアではそんな誘いが非常に多い。公定レートとはかけ離れた、外国人にとって有利なレートを提案してきて信じがたいほどなのだが、「我々は（公定と非公定の）二つの両替レートをもっているが、おれのほうが正しいのだ。だから問題ないんだ」と主張する。彼らは外貨がどれほどの価値を持っているかわかっていて、そのためある意味では本当にそう信じているらしい。警察の目は気にするものの、悪びれた様子はなかった。

　これから出国しようとする者にとって、ブルガリア通貨が必要なわけがないでしょうと必死に説明して、その場を切り抜けた。車掌は急に冷たくなり、去って行ってしまった。

　車窓の風景は森林地帯となっていた。樹種はあまり多くなく、森も深いという感じではなかった。線路の右へ左へと時々その位置を変えて流れ下る川は澄んでいるが、その色はまるでカナダやシベリアの川のように黒に近い深い色をしている。

　時折、石灰岩地域に特徴的な切り立った崖の岩肌が線路に迫る。この切り立った崖に取り囲まれるような平地は、おそらく石灰岩が溶食されてできたポリエなのであろうが、そこには集落や林も見られる。農家のまわりには狭いけれども人手をかけた果樹園や畑をもっている。それに比べて広い農地は粗放的だ。石灰岩が露岩していることに加え、乾燥した気候が農業にとって

写真80：石灰岩を刻む谷間の農村

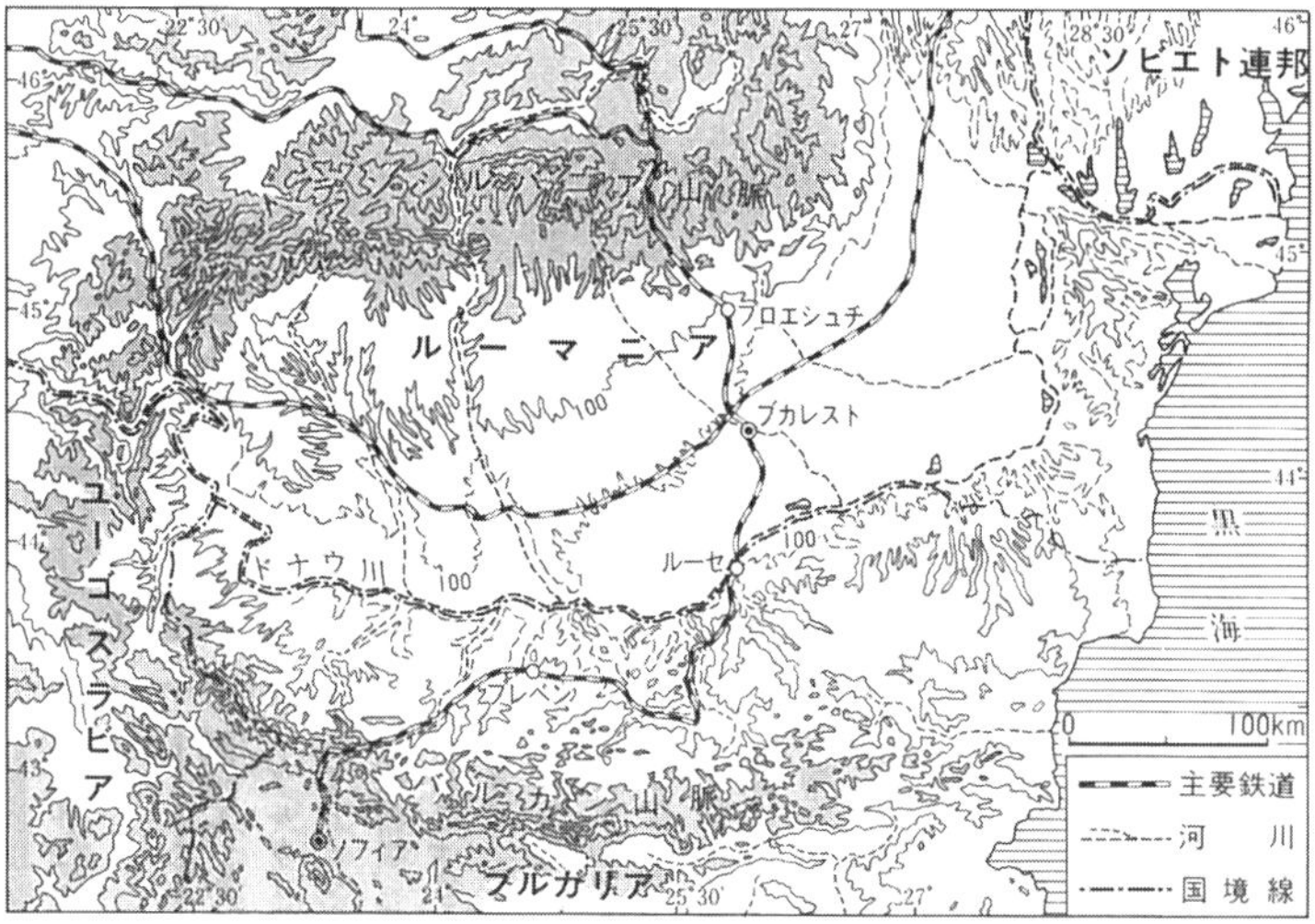

図 12：ルーマニア周辺図
（標高 500 メートル以上にアミがけしてある。等高線間隔は 500 メートル）

あまり都合がよくないためだろうか。

　しだいに乾燥の度合が増し、草原が広がりはじめた。それでも時々河川に近づくと、そのまわりには樹木が多く繁茂していた。

　列車は長い下り坂にさしかかった。徐々に低地へ降りて行きつつあることと、樹木がやや多くなってきたことが、ドナウ川に近い国境の街ルーセに近づいていることを感じさせた。

2　ドナウ川の流れ

(1) 国境の街ルーセ

　ブルガリアとルーマニアは、多くの場所でドナウ川を国境としている。まもなく列車は、そのドナウ川の南岸に位置するルーセの街に着く（図12）。

イスタンブールのシルケジ駅まで見送りに来てくれた友人アリは、ブルガリア生まれのトルコ人だった。その彼が一七歳まで住んでいたのは、ここルーセからほど近い街だと言っていたことを思い出した。

約百年前までオスマン・トルコ帝国の支配下にあったため、ブルガリア国内には今なお何十万人ものトルコ人が住んでいる。オスマン・トルコ時代の統治政策はあまり高圧的ではなかったらしいが、それでも帝国末期の衰退期においては、ブルガリア人に対する抑圧は民衆の生活レベルにおいても厳しかったという。独立後は、当然のことながらこの反動が出て、トルコ人に対する弾圧が始まった。

アリもブルガリア国内ではトルコ人として、おそらくよい扱いは受けなかったであろう。近年ブルガリア政府は、トルコ人の姓をブルガリア式に強制的に変えさせ、宗教の自由、出国の自由を奪い、トルコ人の存在自体を否定するという強硬手段をとった。アリは一〇年前だったからこそ出国がかなったのかもしれない。このルーセの駅から故郷を捨てて、まだ見ぬトルコへ向かった彼の心境はどんなだったろうか。

南塚信吾編『東欧の民族と文化』（彩流社）のなかでブルガリアの民衆の様子を語る寺島憲治氏は、作家エリアス・カネッティの記述を引用して、ルーセの街の二〇世紀初頭の様子を紹介している。二〇世紀初頭と言えば、それ以前の五百年間にわたるトルコ支配と、第二次世界大戦後の社会主義革命とにはさまれた、わずか五〇年ばかりの自由なブルガリア王国の時代であった。

当時ルーセにはトルコ人、スペイン人、ギリシャ人、アルバニア人、アルメニア人、ジプシー、ルーマニア人、ロシア人などをはじめ「世にもさまざまな血統の人間たち」が住んでいて、「一日に七カ国語ないしは八カ国語を耳にすることも稀ではなかった」といい、毎日ウィーンからドイツ語の新聞が届いていた。また、市民はいくつかの言語を理解でき、「村からやってきた少女たちだけはブルガリア語しかできず、そのために馬鹿とみなされていた」という。交易上の重要なルートにあったルーセの街の、かつての活気と住民の心意気が感じられておもしろい。

そういえばアリは五カ国語に堪能だった。血統的に伝えられたトルコ語、ブルガリアじこみのロシア語とフランス語とブルガリア語、それにトルコに来てから修得した英語である。さすがにルーセ育ちだ。

いま目の当たりにするこの街は、庭に果樹を植えている住宅や町工場といったものが見える、落ち着いた地方都市といった感じだ。人口も二〇万人ほどで、私にとっては自分の生まれ育った（一九七〇年代の）岡崎市くらいの手ごろな大きさだった。そんな親近感もあって、ソフィアよりも興味をそそられた。この地に滞在する予定を立てていなかったことがなんとも残念だ。

そもそもせっかくこの国にやって来たのだから、ソフィア以外の街も見るべきだった。なぜなら前出の文献によると、たび重なる異民族の流入によって、都市は歴史上、盛衰が激しく、ブルガリア独自の伝統は、むしろ田舎の農村において守られたというからだ。大家族制の伝統をもち、農業に基盤をおいた勤勉で質素なブルガリア人がそこにいる。都市で売られているよりもはるかに旨い家庭料理の味があるという。また、ソフィアは現在は首都であるが、歴史的には常にこの国の都というわけではなかった。さらに、戦後の社会主義政権下においては、ブルガリアは東欧一の速度で都市化を推し進めたため、都市の文化や生活様式は成熟しているとは言いがたいようだった。

考えてみれば、社会主義圏に初めて足を踏み入れ、ここ数日は緊張の連続だった。食事も、空腹が満たされさえすればいいというありさまだった。正直なところ、緊張感から早く解放されたいと考えてここまで来たのだが、いざ出国するという段になって、なんとなくブルガリアをもっと知りたくなっていた。正直に言えば、このあとやってくる緊張の出国手続きがすんで、出国できることが確実になってから、初めてそう考える余裕が出てきたのであった。

窓の外を見ると線路脇にまで家屋が迫り、その軒先には柿の木が植えられている。日も西に傾き、太陽に照らされた果樹が落とす長い影が夏の終わりを感じさせた。

ルーセの駅に着いたのは、ソフィアを出て七時間後の午後三時四〇分であった。一度止まった列車は、間もなくゆっくりとホームから離れて、再び止まった。この位置で出入国の検査が行われるらしい。列車の前後には自動小銃を持った兵士が立ち、こちらを監視している。

まず、ブルガリア側の出国検査が始まる。出国審査官は英語の堪能な通訳を一人連れていて、こちらのほうはすんなりいった。その直後に、今度はルーマニア側の係官が来た。荷物は全部開けられ、すみずみまでチェックされ、さらに座席のクッションの下まで調べられるという厳重さだ。そのあと今度は銀行の係官がやって来て、滞在一日当たり一〇ドルをルーマニアの通貨（レイ）に強制的に両替させられた。この時に所持金も調べられる。私の財布の中のわずかなドル紙幣を数えて、

「ユー　プロブレム！」

そう言い残したまま、その係官はいなくなってしまった。これには青くなった。ここからソフィアへもどれと言われても、それにはまた半日かかるし、ブルガリアの出国手続きはすんでいるのだから、もう一度入れてくれるかどうかもわからない。何とも戦々恐々だった。しかしこんなところで、言葉もわからない者が歩き回ったりしたら余計に怪しまれるので、とにかくじっとして待つしかなかった。まったくまな板の上の鯉の心境だ。そのうち、別の係官がやって来た。彼には英語が通じたので、トラベラーズ・チェックを持っていることも説明できた。彼の口から、

「ノー　プロブレム」

を聞いたときにはさすがにほっとした。

　しかし厄介事はそれだけではなかった。入国審査官に滞在日数を尋ねられ、三日と答えると、

「おまえのピザは一〇日間分となっているのに、三日しか滞在しないというのはどういうことか？」

と問い詰められた。深く考えず、余裕をみて多めに申請しておいただけなのだ。深いわけはない。何と言ったら不信感を与えずにすむだろうか。答えに窮して、それでもあれやこれや言っていた。するとどうやら向こうも英語が得意ではなかったらしく、そのことが幸いしたのか、やがてなんとなく放免になった。

　もしかすると、その係官は役人風を吹かせて、異国から来た若造をちょっとばかりからかっただけかもしれない。それとも、もっとゆっくりしていけよと言うつもりだったのかもしれない。しかしそれは、後日になって初めて思えることだった。

（2）ドナウ川下流の光景

　二時間ほど経った頃、やっと列車は動きだした。いよいよブルガリアを出国するのだった。ソフィアから同じコンパートメントに同乗しているギリシャ人の学生スタティス君に

促されて外を見ると、列車はドナウ川を鉄橋で越えていた。私にとっては初めて見る大河ドナウであった。川幅は大したことないと一瞬思ったが、それは列車が草原になっている中洲にさしかかったためのことであって、再び三たび、列車は川面の上を越えた。全体の

写真 81：ドナウ川下流の平原を行く列車

写真 82：ドナウ川下流の大穀倉地帯

川幅は、やはりさすがに広かった。水流は穏やかで、汽船が煙を吐きながら静かに遡っていた。晩夏の日暮れに近い感動的なドナウ川下流を写真に撮りたかった。が、考えてみれば、ここはまさにブルガリア・ルーマニア国境である。やたらにカメラを向けるわけにはいかない。

ドナウ川を渡りきったところでルーマニア側による再点検が行われ、六時一〇分、夕焼けの中を、列車はやっとブカレストへ向かってすべりだした。

しばらくの間は広いドナウ川の沖積面の上を走り、やがて列車は緩い上り坂にさしかかって、緩やかな丘陵地に至る。樹木の疎らな草原と、夕日に映える地平線まで続く広大なドナウ川下流の沖積平野が一望のもとであった。

しばし、ドナウ川の光景に夢中になっていたが、ふと考えると朝ソフィアを発ってから一〇時間が経過していた。ホテルの朝食のときにくすねた丸いライ麦パンは、堅くて小型で持ち運びにはぴったりだったが、それとミネラルウォーターだけの昼食では腹持ちは悪かった。それでも水だけは充分確保してあったので助かった。ギリシャから列車の旅を続けているスタティス君に、

「水を飲まないか？」

と聞くと、

「朝からずっと飲んでなかったんだ」

と大喜びだった。

「お返しに」

と言って、ギリシャのお母さんが持たせてくれたという手作りのピザをひと切れくれた。これには、今度は空腹の私が大助かりだった。

ブカレストももうすぐという頃、最後までとっておいた、これまた朝食の残りの青い小さいりんごを彼と分けた。

パンも堅いし、りんごも青くて小さいし、旨いのはヨーグルトくらいなもので、農業国といってもブルガリアは大したことないなあと、実はこの時思っていた。しかし、その考えが浅はかだったことに、このあとルーマニアに着いてから気づくことになる。食べ物はあるのが当たり前という軽薄な感想を、私は一時もってしまったのだった。

午後七時五〇分、日もほとんど暮れて夕闇迫る頃、ブカレスト北駅に到着した。駅はいわゆるターミナル駅の形をしていて、多くのプラットホームが並んでいた。駅

写真83：ギリシャ人学生スタティス君と筆者

写真84：ブカレスト北駅

舎はそれらのホームをすっぽり被う頑丈そうな石造りで、屋根には大時計が時を刻んでいた。とにかく一刻も早く今晩の宿を確保したくて、駅の構内をリュックを背に、わき目も振らずに足早に抜けた。
駅前はバスやトラム（市電）を待つ通勤客で混み合っていた。人混みの中には、ラテンの雰囲気とでもいうべきひといきれがあって、ソフィアでは感じられなかった人間臭さに少しわくわくした。
駅前に大きな公園があり、それに面して高層の公共住宅と大小のホテルがいくつか建っていた。そのうちで一番古そうな、日本でならさしずめ大正時代の建築といった感じのホテルで、ルーマニアでの最初の夜を過ごすことにした。

（3）ブカレストでの第一夜

ルーマニア人がラテン系民族であることに、人間臭さと温かみを求めていたが、やはり社会主義国はそう甘くはなかった。ホテルの受付も女性で、官僚的な応対は相変わらずだった。しかしその後ろで、愛嬌たっぷりに目を丸くしながら、陰険な女性上役を指さす男もいて、やっぱりラテンだ、と思う瞬間もあった。

ホテルの一階にあるレストランに降りて行ったのは九時近かった。テーブルに座るとメニューがない。そのうちオーダーもしていないのに、皿に盛り付けられた、冷たくなったチキンと乾いたパンが出された。とにかく喉が渇いていたので、飲物が欲しかった。ワインを頼もうとすると、「ない」と断わられた。どうやら営業時間（勤務時間）は終わりなので、冷蔵庫を閉めたというようなことを言っている。仕方ないので水を頼む。しかし何度言っても持って来てくれない。さらに待っていると、

「なぜ食べない？　おまえはデインジャラス（危険）だ。（片付けてしまうぞ。）」

とくる。腹が立って、それがさらに喉の渇きを増長させる。このままでは水も飲めそうにない。そこで手帳を紐といて、

「ダーツィ　ミ　アーバー（水をくれ！）」

と悲壮な声で叫んだ。何とか反応があった。同情を勝ち取ることに成功して、やっとミネラルウォーター（炭酸入り）をもらうことができた。生温くて決して美味しい水ではなかったが、わがままが許されたことでとても幸福な気分だった。まわりではカタカタと片付けが進むなか、それでも何とかこの晩は食事にありつくことができた。

緊張する国境通過や、社会主義国における手続きにはトラブルがつきものだ。自由主義

国で、ましてや「国境」に無縁の日本に育った私にとっては、能率の悪さに疑問を感じてしまう。しかしそう思うのは、まさに「国境」を知らないためであって、「国境」は絶対だ。これを越えるということ自体、とんでもないことで、タイミングを誤ると、生還できなくなる可能性もある。だから「順調」などという言葉はそもそもない。

時間の能率などというつまらないことを考えてしまうなんて、まだまだ修行が足りないぞと自分に言い聞かせて、天井に灯る薄暗い電球を見つめながら、ベッドの上に大の字に転がった。明日はまた、どんなハプニングが待ち受けていることやら、あーあ、と思った瞬間眠り込んでいた。

〔注〕ブルガリアとトルコとの国際関係については、中村泰三『東欧圏の地誌』(古今書院)を参考にした。なお、一九八九年には、ブルガリア政府はトルコとの関係改善を図り、さまざまな制限を解除したが、これに対し今度は国民から批判を受けるという新たな局面を迎えた。

3 ブカレストの街角

(1) ルーマニアの街と人びと

ブカレスト北駅近くのホテルに泊まっていた私は、窓の外のわずかな雑踏の気配に、心地よい眠りから目覚めた。古い落ち着いた石造りのホテルの中はしっとりと涼しかった。

ガラス窓を開け、さらに壊れかけた観音開きの木造りのブラインドを開けると、大通りに面する五階の部屋からは、通りを走るトラム（市電）と、それを待つ人々が見えた。大都会の光景というより、むしろ落ち着いた地方都市の朝の通勤風景といった感じだ。通りの向こうは、背の高い樹木がしげる公園になっていて、その奥には高層の集合住宅が見える。そこに住む人たちが公園を横切って目の前の通りまで出てきているのだ。

写真85：ブカレスト北駅前広場の朝の通勤風景

階下にある食堂で、中国製のティーバックでいれたチャーイ（紅茶）とパンで朝食をすませると、明るい日差しに誘われて石造のホテルを出た。八月末のブカレストは、日差しは強いものの、乾燥した風は心地よく、暑いというほどではない快適な陽気だった。
共和国宮殿などがある街の中心へは、二キロほどの道のりだ。右も左もわからず、さらに言葉も通じない土地では、地図を頼りに場所を確かめながら歩くことが一番安全だ。トラムをしり目に、大通りに沿って歩き出した。

街並みには街路樹や公園など多くの緑があって、目にまぶしい。路面は石畳が多く、トラムのために上空に張られた電線、そこにつけられた電灯、道路に面する古い民家などが、

写真 86：ブカレストの落ち着いた街並み

写真 87：ブカレスト市内の素朴な民家

のんびりとした印象を与えている。古い民家と歴史的に由緒ある石造の大きな建物とが、渾然として建ち並んでいた。洗練された美しさや、高度に合理化された都市というものからはかけ離れていたが、その分のんびりとした印象を与えた。

写真88：ブカレスト大学図書館

社会主義国であるから当然のことではあるが、広告というものがまったく目につかない。二時間ほど経って、喉の渇きを覚えてから、そのことに初めて気がついた。広告がないと、街並みの中の色彩から暖色系が消える。けばけばしいコマーシャル文化のなかで育った私にとっては、多少寂しい印象も受ける。しかしそれにもまして、しっとりと落ち着いた美しさを感じさせていた。ただ、広告がないせいで、喉の渇きを癒す方法が見つからないのはやっかいだ。自動販売機などもちろんないし、商店はどこにあるのやら。時折、数十人の人が並んで何かを買っている光景は見かけるが、どうも飲物ではなさそうだ。喉の渇きは増長するばかりで、少し不安な焦りを感じ始めた。もはや飲物以外のことはどうでもよくなった。飲物ばかりをさがし求

写真89：ブカレストの街並みと行き交う市民

め、街角で人々が何のために並んでいるのか、そんなことを深く追求する気は全然起こらなくなっていた。

ホテルを見つけ、フロントで尋ねると、ホテルのレストランは食事だけだという。カフェが近くにあると教えられたが、道案内が不親切でよくわからない。適当に、店のありそうな裏道に入っていって、偶然、好運にも屋台のジュース売りに出会った。二レイ（公定レートで約三〇円）のシロップジュースがやたら旨かった。

街の中心は、共産党本部などのあるヴィクトリア広場と、共和国宮殿を中心とした地区との二つであり、そこから道路が放射状に延びていた。共和国宮殿周辺には、いくつかの美術館、博物館、図書館、大きな書店やレコード店、ルーマニア正教の教会、大学などがそれぞれ緑に囲まれて建ち並び、文化的な中心街だった。私服の警官が目を光らせてさえいなければ、もっと伸び伸びと散策できて、一日中このあたりにいてのんびりしたい雰囲気だった。

いくつもある美術館のうちのひとつ、共和国美術館は四階建てで、一、二階にはルーマニア出身の画家の作品が並ぶ。中世以降に描かれた絵画は、キリスト教の宗教画（イコン）、オスマン・トルコとの戦いの描写、寂しげなどこかムンクの絵に似た作品、牧歌的だが寒々とした農村の風景画（ニコラエ・グリゴレスクの絵）などがあり、いずれもルーマニアの歴史や風土を思わせる。

写真90：ニコラエ・グリゴレスク（1838-1907）の作品
（共和国美術館製絵はがきより）

紀元二世紀、ローマ皇帝トラヤヌスがドナウ川に壮大な橋を架けてこの地を征服した頃から、それまで住んでいたダキア人とローマ人との混血が始まり、これがルーマニア人の起源と考えられている。周辺の国々はおもにスラブ民族からなるのに、ルーマニアだけが、ラテン系言語を語る民族である理由はここにあるとされる。また、東西両側からの民族移動の経路となる土地柄、諸民族の〝吹きだまり〟的様相も指摘されている。

写真91：ルーマニア正教会

例えば言葉の中にも他言語の影響が強く、「イエス」の意志表示に使う重要な単語がスラブ語の「ダー」であることは、その最たるものといえよう。他にも、農牧業に関する単語には東方遊牧民族やスラブ民族の言葉が、また社会経済用語にはハンガリー語が多く入っている。民族的にはルーマニア系が八八%と多いものの、ハンガリー系、ドイツ系、ジプシーをはじめ多くの民族が住んでいる。黒海沿岸のドブロジャ地方にはトルコ系民族も多い。

一五世紀頃から、ルーマニアはオスマン・トルコ帝国に支配された。しかし、他のバルカン諸国とは異なり、帝国の直接統治は受けず、ワラキア公国・トランシルバニア公国として一定の自治権を与えられていた。そのためトルコの影響は、ブルガリアやハンガリーに比べて少なかったという。

それでもオスマン・トルコ時代には、もちろんトルコ人は支配的な立場にあった。そして当時、トルコ人についで優位な立場を与えられていたのはギリシャ人だったらしい。そのため、ギリシャ語が知識人の教養語とされ、ギリシャの文化がもたらされた。また、交易の要衝であったことから、ユダヤ商人の活躍の舞台にもなり、ユダヤ文化の影響も見られる。今も街中に残るギリシャ教会や、アテネパレス音楽堂、国立ユダヤ劇場などが、それぞれ当時を物語っている。

写真92：ガソリンスタンドに並ぶ車の列

共和国美術館の三、四階には、ルノワールを含む西欧の画家の絵が並んでいた。豊かな色彩のそんな絵画に囲まれると、ここは西欧にも近いのだという ことを感じる。ふと、社会主義東欧圏が確立される以前、考えてみればほんの五〇年前に思いを馳せると、当時は西欧との間には位置的距離以外には大きな障壁はなく、意識の上での距離は、現在よりももっと近かったのかもしれないと思えてきた。

(2) 市民のため息

ルーマニアで一度だけ、高級ホテルの屋外レストランへ行った。ここではルーマニア料理を味わうことができた。料理はサルマーレ（ロールキャベツ）とチョルバ（肉団子入りスープ）を注文したが、いずれも酸味が効いていて旨かった。木漏れ日の中でビールを飲んでいると、数日まともなものを食べていないせいもあって、何とも幸福な気分になる。アルコール度一五％の危険なビールに酔った頃、合席となったルーマニア人夫婦と英語で話し始めた。

「あなたの街ブカレストはきれいですね」

「いいえ、でも開発は計画的でないし、整備も不十分で問題は多いのですよ」

彼らは現状に決して満足していないようだった。そう言われてみれば、街角の公衆電話はほとんど壊れているし、電灯も薄暗く、全部が灯るとは思えなかった。日本のようにサービスが行き届き過ぎて、サバイバルの知恵などほとんどなくても、金さえあれば生きて行けるという状況はどうかと思うが、しかし、日常必需品を買うために、一日のうちの大切な多くの時間を費やすことは有益ではない。

ルーマニア人夫婦が顔色を曇らせていた理由は、後になってさらによくわかった。聞くところによると、一九八八年のルーマニア経済は貧窮し、対外債務返済のために農産物は輸出優先で、パンは一日一人三〇〇グラムといった具合いに配給量が厳しく制限されていたという。そんな状況に耐えかねて、八八年までに二〜四万人が、隣国ハンガリーへ流出したとも言われている。

ルーマニア北西部のトランシルバニア地方は、歴史上何度も領有権をめぐってルーマニア・ハンガリー両国間で争われていたが、第一次大戦まではハンガリー領だった。そのため、今でもハンガリー系の住民が多く住んでいる。第二次大戦後、社会主義革命に伴って、民族差別の問題は一時改善された。トランシルバニア東部にはマジャール（ハンガリー人）自治区が創設されたり、学校においてハンガリー語による授業が行われたりしたのはその一例だった。ところがチャウシェスク政権は、この自治区を廃止し、住民に対してハンガリー系の名前を禁止したり、古くからある村を潰して統廃合する政策をとった。このためしかし、ハンガリー系住民ばかりではなく、生粋のルーマニア人さえも海外流出を企てるハンガリー系住民の社会的不満は高まり、政策に耐えきれずに国外へ流出する者も多い。というから、事態は民族問題に留まらない。国外流出を防ぐため、家族全員揃っての海外旅行は許可されない状況にあるという。

このような状況は後日になって詳しく知ったわけだが、そのような国で、私のような野次馬の旅行者が、居心地が悪いと文句を言うのはとんでもなく失礼な話だった。

経済的な事情から、外国人観光客からの外貨獲得を図るのも無理からぬことだ。外国人は一般の民家に泊まることは許されず、ホテル滞在が義務づけられ、出国の際にはホテルでの支払い明細を厳しくチェックされる。ホテルの料金も安くない。カテゴリーIIクラス（中級）でも一泊六〇ドル程度はする。支払いには、ビザなどのクレジットカードも利用できるが、通貨交換を行っている銀行や観光案内所（O．N．T．＝オネテ）に直接収めるという変わった制度もある。おそらく正式の通貨両替と、ブラックマーケットとの間のレート差が五倍以上にもなるので、外貨が市中に出回って混乱を招くことを警戒しているためと思われる。ホテルのウェイターもジュース売りも、二言目には、

「チェンジ　マネー？」

とくる。ホテルのレストランでの支払いも、ドルで値段を尋ねると安くなった。

チャウシェスク社会主義政権に対する国民の不満は、翌八九年の革命という形で全世界に露見したが、それ以前においては、経済に対する不満、少数民族問題などの形でじわじわと漏れ出していた。逆に言えば、それ以外は公言できない状況にあったのかもしれない。

(3) ハンガリー平原をめざして

ブカレストからハンガリーへ鉄道で移動するには、急行で約一四時間を要する。そのため、全行程を昼間通過することは無理だった。トランシルバニア山脈とハンガリー盆地の草原プスタという二つの見どころのうち、どちらを取るかということになる。迷った末にプスタを取ったが、その場合、夜行寝台でブカレストを夜発つことになる。料金はファーストクラスで四〇ドル（運賃込み）、セカンドクラスで二五ドルと、西側通貨の感覚では安かった。チケットを買う手続きは、スムーズにいって一時間半ですんだ。何をするにもまず並ぶということに、しだいに慣れてきた。

夜九時のブカレスト北駅は、長距離国際列車を待つ人で混み合っていた。構内の照明は

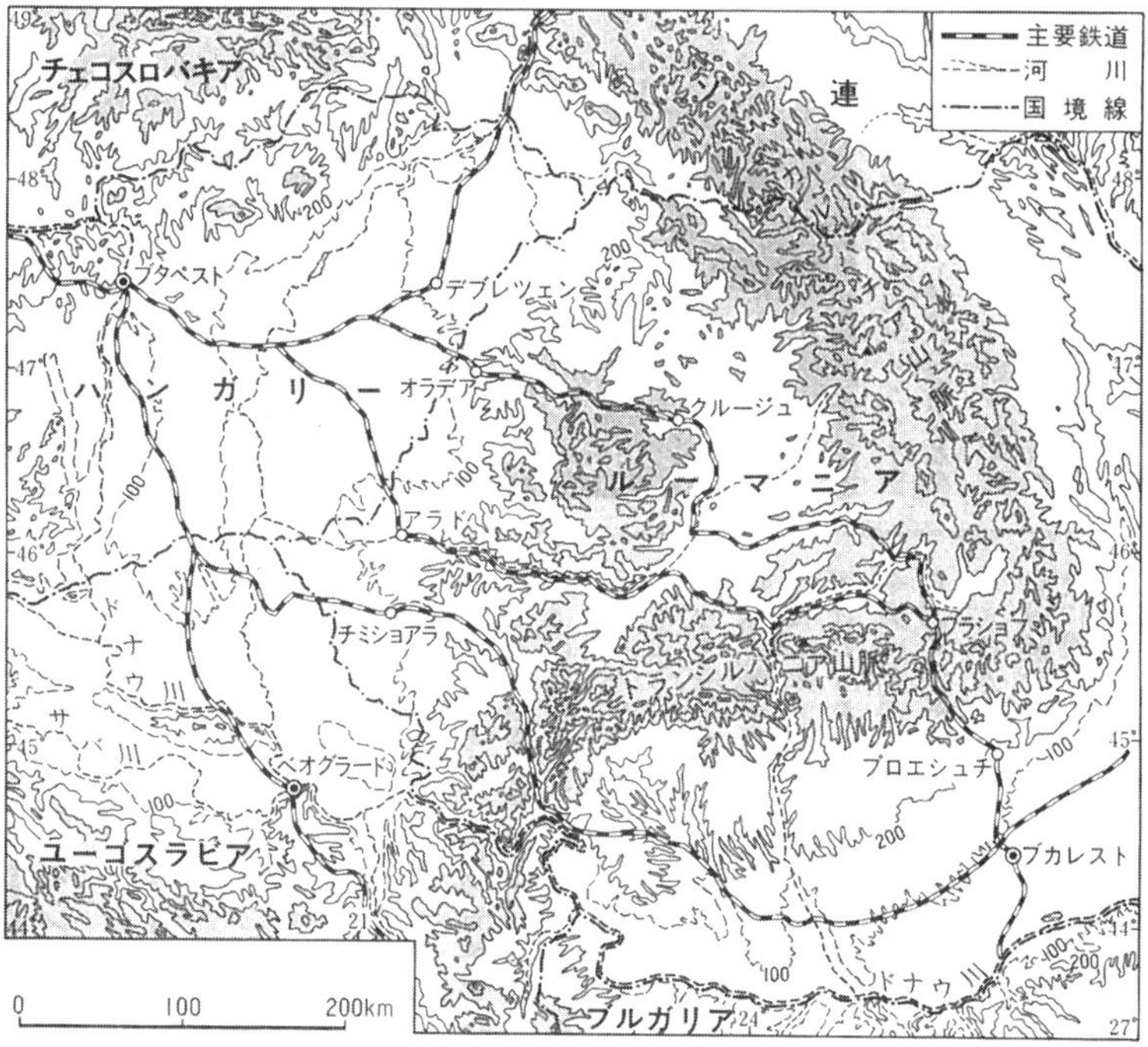

図 13：ルーマニア・ハンガリー国境周辺図
（標高 500 メートル以上にアミがけしてある。等高線間隔は 500 メートル）

薄暗く、寂しい雰囲気だ。一人でリュックを担いで立っていると、自分の回りすべてがルーマニア人たちの世界で、どの方向に向けてもストロボを焚くことなどできはしない。しばらく見ていても、ストロボの光は一度も見かけなかった。列車を待つ人たちのなかには、別れの時を待つ真剣な面持ちの人が多くて、観光客で埋まったイタリアなどの駅とは大違いだった。しんみりと夜の駅の光景を眺めながら、汽車の入線を待った。

ブカレストからブダペストへ鉄道で行くには三つのルートがある。ひとつはブカレストから北上してトランシルバニア山脈に入り、ブラショフ付近から進路を西に向け、クルージ、オラデアといった街を経てハンガリーに入るコース。もう一つは同じくまず北上して、ブラショフ付近で一番目のコースから別れ、やや南寄りのコースを取ってトランシルバニア山脈の北麓をアラドに向かい、そこからハンガリーに入るコース。三つ目はブカレストからすぐに西へ進み、クライオバ、チミショアラなどの街を経てアラドに至るコースである。

三つ目のものだと、ドナウ川がハンガリー盆地と下流のボレーキア盆地との間で狭窄部を作っているアイアンゲート付近で、ドナウ川に沿って走ることになる。しかし、それ以外のコースをとった場合、ドナウ川の流路とは大きく離れた山岳地帯を通る。今回たどるコースは以上のうち一番目のコースだったために、ドナウ川との再会はブダペストに着くまでおあずけということになる。

夜一〇時、汽車は定刻通りブカレスト駅を離れた。すぐに都会を出て、明かりと言えば月明かりだけという丘陵地帯を、北の方向へ走りはじめていた。満月をやや過ぎた、明るい立待の月が進行方向右手、東の空の中空に輝く。月明かりに照らされて、時々静かな農村を過ぎるのが見える。

そのうち、窓から入る風がかなり油臭くなってきた。はじめは機関車の吐き出す煙のせいかと思っていたが、どうやらそうではないらしい。突然、てっぺんにガスを燃やす炎を載せた、背の高い煙突が見えはじめた。汽車はそのころプロエシュチの油田地帯を通過していた。

そろそろ低地帯から離れて、まもなくトランシルバニア山脈の麓にさしかかろうとしていた。窓から入り込む風はひんやりと涼しく、寝台に横たわると間もなく心地よい眠りに落ちた。

〔注〕ルーマニアの歴史・民族については、萩原直「ルーマニアの民族と文化」（南塚信吾編『東欧の民族と文化』彩流社）を参考にした。

4　トランシルバニアの朝

(1)　朝もやの山岳地帯

カルパチアからトランシルバニアにかけての山脈は、中新世までに造山運動を終えていると一般的には言われる。しかし南麓のプロエシュチ周辺では、現在も地震活動が活発で、ルーマニアの地震研究は盛んである。古い地質構造が一部再活動して地震を起こしている

写真93：トランシルバニア山脈の夜明け

と考えられる。したがってこの付近も、黒海を越えカフカス山脈に続く、一連の地殻変動帯としてとらえるべきところである。

ブカレストを夜一〇時に発った夜行列車は、順調にトランシルバニア山中を走っていた。窓から入る風は秋を思わせ、深夜になると毛布一枚では寒いくらいだった。列車は順調に運行を続けており、心地よい眠りを妨げられることはなかった。トランシルバニア山脈は二五〇〇メートルを超える急峻な山脈であるが、深夜に通過するため、残念ながらその山容を確認することはできなかった。

ひんやりとした早朝七時に目覚め、外を見ると朝日が昇る直前であった。サマータイムを使っているのと、この付近がルーマニアの標準子午線から西にかなり離れているせいで、七時といってもかなり早朝の様子だった。

トーマスクックの時刻表によれば、列車の位置は、クルージュとオラデアの中間付近と考えられた。カルパチア・トランシルバニア山脈の西縁付近に当たり、標高も五〇〇メートルくらいの位置まで降りていた。付近をながれる川は、完全にハンガリー盆地側の水系にあった。

列車は朝もやの中を、切り立った露岩の間を縫うように走っている。朝日が列車の横腹に当たりはじめ、オレンジ色に輝く。付近の森は深いという感じではなく、草原になっている所も多い。早起きの農夫が犬を連れ、羊の群れをゆっくり追っている。農家も見える。家々の回りには麦藁が積まれ、煙突からは白煙が立ちのぼっている。植生や家畜の種類は異なるものの、日本の農村にも共通する穏やかな風景だった。

写真94：トランシルバニア山中の農村

やがて川幅が広がって、視界も徐々に開けてきた。鉄橋を越えると、教会の尖塔を中心とした、朝もやに包まれた村が見えてきた。このあたりはトランシルバニア地方で、かつてはハンガリー領だったためハンガリー系の住民が多いと聞く。今見えている教会は、ルーマニア正教のものだろうか、それともハンガリーで主流のカトリックのものだろうか。

写真95：ルーマニアのオラデア近くの操車場

まもなく完全に平地に出た。広い畑と、積み上げられた麦藁がたくさん見え、長い柄と弓なりの刃をもつ鎌を手にした農夫が、数人集まって農作業をしている。見えてくる村々は、相変わらず教会を中心とした、しっとり落ち着いた感じだった。教会をモスクに変えれば、トルコで夏中親しんだ風景にも似ている。

八時半、まぶしい朝日の中、オラデアの街に入った。ここはハンガリー盆地の東縁に当たり、ハンガリーとの国境はもうすぐだ。人口十数万程度の、落ち着いた地方都市の風情を感じさせる街である。列車は速度を落として、ゆっくりと走り続けていた。窓をいっぱいに開け放ち、身を乗り出して眺めると、街中を通り抜けた朝のすがすがしい風が車窓にまで届いてきた。

街並みの中には、背の高い教会がそびえている。三角屋根の尖塔をもつ新しい教会と、ドーム型に近い丸屋根の上に十字架を載せる一見古そうな教会の二つが見える。やがて手前に操車場が見えてきた。そこに並んでいる数台の客車は、いずれも暗い彩りでかなり使い込まれた古そうな車両だ。列車の横腹に記された文字はキリル文字であり、それらの車両がソビエトから来たものであることを示していた。

オラデアの街を出て数十分後、国境の駅エピスコピアに着いた。それまでのくつろいだ気分は吹っ飛び、さて、またあのパスポート・コントロールである。

(2) ルーマニア・ハンガリー国境

まず、ルーマニア側の出国審査が始まった。係官が来て、パスポートを見て、滞在日数を確認し、出国カードの裏に記入されたホテルの支払い明細と、正規のレートで両替した通貨の金額を示した換金証を冷やかに点検する。これらの間に矛盾があると、大変なことになるらしい。ブカレストではトラブルを避けるために、変な冒険はせず、規則通りにやってきたという自信はあった。それでも係官の顔色をつい窺ってしまう。

「OK」

と言われ、出国のスタンプをもらうとほっとする。これで一難が去った。

次に女性の係官が来て、今度は荷物のチェックである。リュックの中はもちろんのこと、パスポートを入れる小物入れの中まで調べられる。

次の瞬間、「おやっ！」なんと係官に連れられて犬が入ってきた。突然膝頭にやって来たときには、緊張して身をこわばらせてしまった。「いったい何なんだ？」と聞きたくなるような検査の厳重さである。犬が嫌いだったら悲鳴を上げてしまって、それがためにま

写真96：ルーマニア・ハンガリー国境エピスコピア駅の警備員と捜査犬

ずいことにもなりかねない。けれど私は、幸い犬好きで、逆に結構楽しんだ。

やってきたのは、まずはシェパード犬だった。賢そうな精悍な顔をした彼は、忠実に職務を遂行して、リュックの前で鼻を使っている。異常を感じずに、さっと向きを変えて帰って行くその横顔は、まるで社会主義国の役人のようだ。彼が去ると、今度は黒白のやや長めの毛をもった中型犬がやって来た。シェパードのような精悍さはないが、見るからにまじめそうな風貌である。そいつのしぐさを観察していたら、つい微笑んでしまった。二匹の犬はそれぞれ別々の使命を帯びて、何かのチェックにやって来たのだろうか。

任務を終えて外へ出た犬が、係官と一緒にすたすたと去って行く。その後ろ姿に、思わずカメラを向けてしまった。その瞬間、警備員に見つかって、ピピーと笛を吹かれた。

「げっ、まずいっ！」

その時、列車はすでにゆっくり動きだしていた。銃を持った警備員が車両に飛び乗って来る、といった気配はなさそうだった。

所々に置かれた背の高い見張り小屋からは、おそらく、国境警備員が双眼鏡を手に、こちらを監視しているのであろう。しかし、周囲にはそんなことすら忘れてしまいそうな、のんびりとした田園風景が広がっていた。農作業に向かう農夫が、トラックに乗ってゆっくり走っている。こんな一見穏やかに見える場所でも、ルーマニア・ハンガリー両国にとっては、重大な意味をもつ国境線であることは動かしがたい事実だ。そう思うと、穏やかか過ぎるこの風景は、かえって寂しささえも感じさせる。

国境線を越えた後、再び停車した。ハンガリー側の入国審査は、三〇分程度で比較的簡単にすんだ。ソ連に同調する政治路線を取りながらも、西側諸国に対してオープンな態度をとっている国だけに、おそらく、西側の一員である日本からの観光客に対しては、厳しいチェックは行わないようにしているのだろう。もちろん、ルーマニア人に対するチェックは大変厳しかった。客室内の荷物チェックなどに手抜かりはない。

（3）プスタをブダペストに向けて

国境を越えると時計を一時間もどした。トルコからここまでやって来て、初めて経験する時差であった。自分の経験する時の長さには何の変化もないのに、それでもやはり一時

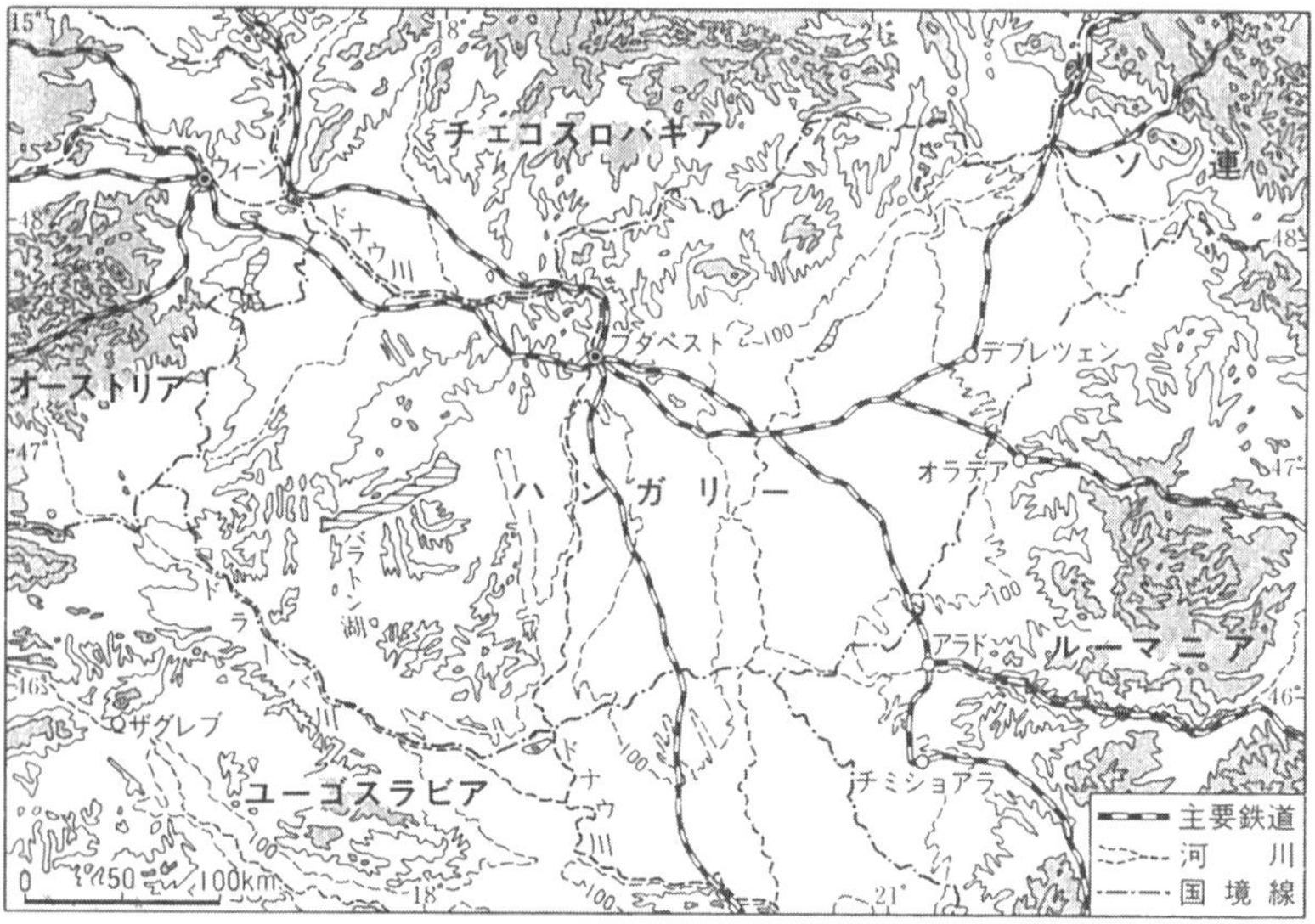

図 14：ハンガリー周辺図
（標高 500 メートル以上にアミがけしてある。等高線間隔は 500 メートル）

写真 97：ハンガリー平原（プスタ）の大規模農園

間得をした気分になってしまうのはおもしろい。とくに陸伝いに旅をしたからなおさらだった。

ハンガリーの大平原プスタは、東欧の穀倉と言われ、大農業地帯となっていることは聞いていた。しかし、平原に広がる大農園は想像をはるかに超えていた。見渡す限りに続く耕作地は、整然と張り巡らされた水路に囲まれ、所々に植林された並木によって、とうもろこし畑、小麦畑、といった具合に分けられている。作物もまっすぐに植えられ、日本ではあまりお目にかかれないほど大型のコンバインが作業をしている。北海道の農園をもうひとまわり大規模にしたくらいの感じであろうか。これまで車窓から眺めた、ブルガリア、ルーマニアの農地があまり豊かでなかっただけに、なおさらハンガリーの農地の大きさ、豊かさには驚かされた。これがかつてのオスマン・トルコのスルタンも憧れたという、ハンガリーの豊かな大地なのだ。（図14）

ハンガリー時間で一二時半、ブダペスト西駅に滑り

写真98：ブダペスト近郊のカトリック教会

込んだ。少し前から見えはじめたブダペストの街並みは、色彩豊かで、美しく整えられていた。カトリックの大聖堂が見え、また、さっそうと道路を横切る若い女性が目に付く。豪華さや明るさを求める旅では決してなかったが、それでも、そういうものにしばらく会っていなかっただけに、期待が胸に高まった。

ブダペストの鉄道の駅は二つある。ブダペストを経由してウィーンへ向かう列車は東駅、ブダペストを経てプラハ、さらにベルリンへ向かうものは西駅に入る。私の乗った列車はベルリン行きだったため、西駅に到着した。駅舎の豪華さという点では、東駅にはやや劣るが、それでも、大きな三角屋根に覆われた駅は、ガラス張りの部分が多く、採光が充分に図られている。観光客慣れしているせいか、駅のインフォメーションもわかりやすく、駅舎の外に出ると、タクシーの運転手が気軽に声を掛けてきた。

「安い良いホテルを知ってるよ」

久しぶりに聞く、観光客慣れした客引き的な誘い文句だった。何かおもしろそうなことがあるかもしれないという期待と、だまされてはいけないという不安が入りまじった、ニヤッとしたくなるような一瞬を感じた。でもこの時は、残念ながらそんな好奇心はとりあえず疲労感によって抑えられてしまった。その誘い文句の真偽は確かめず、予定していたドナウ河畔のホテルの名を告げた。

5　マジャールの国に到達して

（1）ドナウ川との再会

はっと驚くような巨大なネオゴシック建築の国会議事堂や、広々とした芸術的な庭園、大きく育った広葉樹の並木、古くていかにも由緒ありそうな壮麗な建物ばかりが連なる街並みなどが、ブダペスト西駅から乗ったタクシーの窓に次々と現れた。キョロキョロして、出るのはただため息のみといった時間のなか、タクシーは滞在予定のホテルをめざして、ブダペストの中心街を走っていた。

写真99：鎖橋を渡ってブダの丘へ

車窓に現れる街並みにすっかり見とれて釘付けになっていると、やがて視界が急に開けた。車はドナウ川の河畔に来ていた。思えば、ブルガリアとルーマニアの国境に架かる鉄橋の上から、国境警備員の視線を気

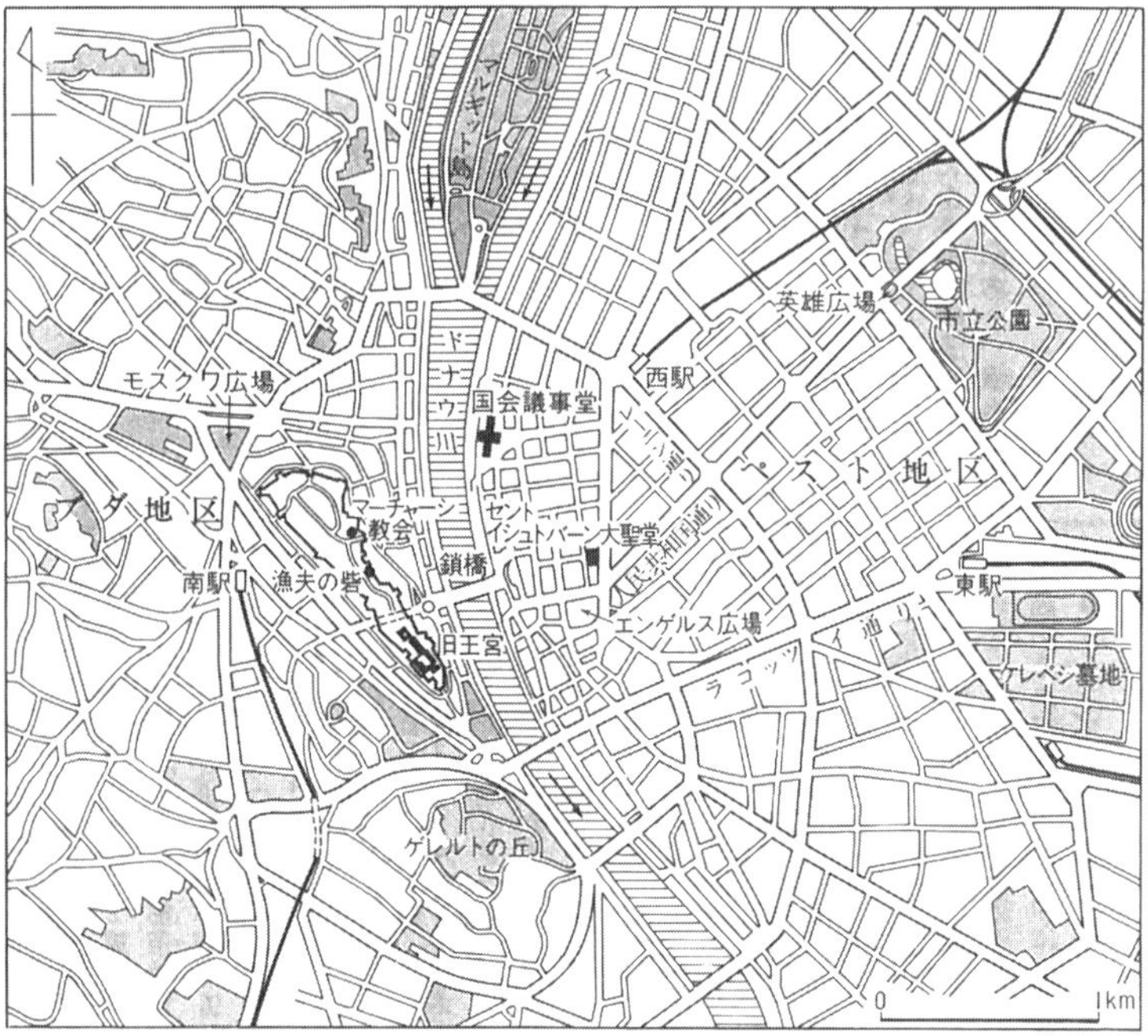

図 15：ブダペスト市街図（1988 年）

にしながら、緊張して眺めたドナウ川との久々の再会であった。

ドナウ川は、オーストリア国内を流れた後、チェコスロバキア・ハンガリー国境に沿って東向きに流れ下る。ハンガリー国内に入ると、ハンガリー盆地の西縁に位置する丘陵を横切るが、この時、流路を南向きに変える。ブダペストはこの丘陵の東縁に位置する。川の西側の丘陵状の山の手地区がブダ、東側の下町がペストの街で、二つの街が一九世紀に造られた鎖橋によって結び付けられて、ブダペストが成立したという。

現在、ドナウ川にはブダペスト市内に八つの橋が架けられているが、そのうちでも鎖橋は歴史上重要であるばかりか、象徴的な存在として際立っている。鎖橋のたもとへ行くと、橋の威容は、荘厳さのあまり恐ろしいほどだ。両端に二頭ずつ、四頭の巨大なライオン像が座り、橋脚は太く、高さ数十メートルのどっしりとした石造りである。橋を渡りながら見上げると、凱旋門をくぐるかのごとくに思われてくる。

写真100：ドナウ川岸の瀟洒なハンガリー国会議事堂

(2) ブダの丘で

橋の向こうはブダの街である（図15）。川に沿って、船のような細長い形をした残丘状の孤立丘があり、丘の南半分には旧ハンガリー王宮がそびえる。建物の中央部に緑青色のドーム屋根をもつ白亜の大宮殿である。丘の麓から見上げると、その壮麗な姿はカメラのレンズに収まりきらない。

一方、丘の北半分は教会などが建つ落ち着いた宮殿木立の門前町となっていた。ドナウ川のほとりからそこへは、歩いて登ることができる。木立に囲まれた散策にはもってこいの坂道が続いていた。坂の途中からは、木々の間に、緩やかにカーブを描いて流れるドナウ川と中州のマルギット島、それに対岸のペストの街が、

写真 101：漁夫の砦とマジャール王の銅像

写真 102：ブダの丘から望むドナウ川と鎖橋
（対岸はペストの街）

明るい日差しに照らされて光り輝いて見える。ひときわ目を惹くのは、川面にその姿を映す、一九世紀、オーストリア・ハンガリー帝国時代に建てられた国会議事堂である。「ドナウの女王」と讃えられるのももっともな、河岸の美しい風景である。

坂の上には、崖っぷちに漁夫の砦と呼ばれる建物が、威嚇するかのように立っている。この砦は、かつて防衛のために造られた回廊状の城壁であるが、純白の石造りで、所々にネオロマネスク様式のとんがり帽子のような屋根をもつ見張り台がついている。その形はやわらかな曲線がデザインされていて、童話の世界をも思わせる。これが戦闘のための城壁とは、にわかには信じがたい。何ともユーモラスな大理石造りの砦を眺めていると、この国のもつ一種のゆとりを痛感してしまう。攻めてくる敵に備える目的で設計されているために、当然のことながら、砦の上の回廊からはドナウ川とペストの街が一望のもとであった。

写真103：マーチャーシュ教会
（歴代ハンガリー王の戴冠式場）

砦の奥に、高さ百メートル近い

尖塔をもつ教会がそびえていた。マーチャーシュ教会と呼ばれるこの教会の建造は、一三世紀にまで遡り、ハンガリーの歴代の王の戴冠式の会場にもなったという。だが、一六～一八世紀にかけて、この国はトルコに占領されたことがある。その時代にもこの教会はやはり天にそびえていたわけだが、その時はモスクとして使用され、ここでコーランが詠まれた。トルコ風の丸屋根のモスクとは正反対の、天に突き刺さるような直線的なデザインのゴシック建築の教会から流れたコーランの声は、ドナウ川の上をどのように響いたのだろうか。

闘争の歴史はこれだけではない。第二次世界大戦の際には、ブダの丘にドイツ軍が、対岸のペスト側にソ連軍が陣取り、街全体が戦場と化した。その時の弾丸の跡は、今も痛々しくいくつかの建物に残る。

ほんの少し紅葉しはじめ、茶色の葉を付けた大木が砦の下に見える。この木は、ブダペストのいつの歴史から共に経験してきたのだろうか。「何も知りませんよ」という顔をして、穏やかな初秋の風にそよいでいる。

ふと振り返って砦の内側を見ると、砦と教会の間に、ハンガリーの初代王イシュトバーンI世の騎馬像が立っていた。台座には、九世紀以来のハンガリー隆盛の物語がいく枚ものレリーフに刻まれ、アジアから来た騎馬民族マジャールの伝統を誇示していた。

ブダの丘の一帯はきわめて閑静な場所だ。建物の壁の色は淡い黄色、白、レンガ色、焦げ茶色などで統一されていて、それと同系色の明るい色彩のタイルに飾られた教会の屋根、純白の尖塔が美しく調和している。調和を乱すものは何もない。

その街並みの一角に、バルトーク記念館があった。バルトークの音楽は、重厚で荘厳な響きをもっている。それと同時に、聴いていると、あたかも巨大な物と対峙して、自分が物凄く小さく思えて不安になるような、そんなイメージを与える。日本で聴くとなじむことができなかったこの音楽も、この土地にはよく似合っていると思った。巨大な、その重さを想像すると押しつぶされてしまいそうな錯覚を覚える鎖橋や、ブダの丘の上にある壮麗な建造物に取り囲まれたこの空間は、まさにバルトーク音楽の世界なのかもしれない。ドナウ川の河畔のカフェに座って、さっきみやげ物屋で買ってきたバルトークのカセットテープを聴いてみた。夕日に映える鎖橋とブダの丘を目前に、ビールを飲みながら聴くこの音楽は、何とも雰囲気にマッチしていた。偉大な音楽家は、こうしてこの土地が生み出

写真104：ブダの丘にひっそり建つバルトーク記念館

したということなのだろうと、あたかも大変な発見をしたかのようにひとり納得して、心地よいハンガリアン・ビールのほろよい気分の中でうなずいてしまった。

(3) ペストの街を歩く

鎖橋から東へ延びる道路は、英雄広場を正門とする市立公園へと続いている。「人民共和国通り」と呼ばれるこの通りは街のメインストリートで、かつてオーストリア・ハンガリー帝国時代には「アンドラーシュ通り」、ナチスドイツ全盛時代には「ヒトラー広場」と「ムッソリーニ広場」を結ぶ道路、第二次世界大戦後は「スターリン通り」などと名前を変えてきた歴史的な通りでもある。明るい朝日の中、この通りを歩くことにした。

通りに面する、五階建てくらいの高さに見事に統一された建物はすべて古いものばかりで、一人で黙って街角にいると、数百年前の時代に迷い込んだような気分になる。建物の一階に、時々みやげ物屋やカフェテリアを見つけると、そんな光景が辛うじて錯覚を取り払ってくれた。

道路は、中央に片側二車線の車道があって、その両側に芝生の植えられた緑地帯、さらにその外側に左右一車線ずつの道路がついている。そのため、通りに面する建物沿いに歩いて行けば、散歩気分が自動車の騒音にかき消されることはない。所々にロータリーがあり、噴水が初秋の陽光に輝いている。

市民の足としては、バスの他にトロリーバスやトラム（市電）網が整備されている。通りを歩いていても、頻繁にこれらの車両が通りかかって賑やかだ。それにこの都市はまた、地下鉄発祥の地でもある。一九世紀末、世界に先駆けて電動式の列車が地下を走った。今

写真 105：夏の日に映える噴水とペストの街

写真 106：陽光眩しいペスト地区の街角

も地下鉄は、ブダとペストを結んでドナウ川の下を通過している。

人民共和国通りを三〇分ほど歩くと、つきあたりに広い公園が見えてきた。公園の入り口は英雄広場と呼ばれ、そこにはマジャール部族の騎馬像と、歴代のハンガリー王の像が並んで広場を見おろしている。

広場の両側には、大理石の太い円柱をもつ立派な造りの美術館とギャラリーが向かい合って建っていた。美術館の中は基本的に大理石造りで、大きな扉や日の光のもれる吹抜けなど、広々とした空間が演出されていた。その中には、ラファエロ、レンブラント、ルーベンス、ゴッホ、ルノワールなどをはじめとする、いわゆるヨーロッパ絵画の巨匠たちの大作が、空間に調和して、ごく自然に飾られていた。

写真107：ブダペスト市立公園内の湧水池と古城

明るい日差しの中を、英雄広場から公園の奥に進むと、そこは緑溢れる市民の憩いの場だった。緑の木立の中で、人々は散策したり、上半身裸になって日光浴をしたりして、思い思いに残り少なくなった夏の日差しを楽しんでいる。木立の間を抜けると、きらきらと

写真108：ハンガリー地理学研究所
（三角屋根の上に地球儀）

輝く湧水池の水面が見えてきた。池にはきれいな水が満ちていて、その中の島に、ハンガリーの中世の建築様式をみせてくれる城が建っている。はすの葉の浮かぶ池は、水草も濃い緑色をしていて、微生物が少ないせいか、水は澄んで城の影をきれいに映している。ここにいると時間がなんとなくゆっくり流れているような気がしてきた。

公園の中にはおもしろいことに、所々に温泉が湧き出していた。日本のように手拭を頭に載せて「いい湯だな」という具合いではないが、温泉プールをつくってこれを楽しんでいるのだ。

温泉はここ以外にもいくつかあって、それらは皆、一六世紀のトルコ占領下において盛んに開発されたものらしい。トルコスタイルの蒸風呂も多いと聞く。こんな所まで来て、トルコ風呂に再会するとは思ってもみなかった。

市民公園を散策した後、通りに面するこぢんまりとしたカフェテラスに座り、ピザとコカコーラという〝西洋料理〟で腹ごしらえをした。つぎにどこへ行こうかとガイドブックを見ると、地理学研究所のことが書かれていた。強い好奇心に惹かれて、市民公園の南東側の一角へ行ってみることにした。

そこは、各国の大使館や領事館が並ぶ、街路樹が整備された落ち着いた一角であった。その中に、ひときわ目を惹く尖った屋根を三つもつ地理学研究所がひっそりと建っていた。この建物を設計したレヒネル・エデンは、ハンガリーのガウディー的存在といわれる建築家だそうで、どうりでおもしろいユニークな造りだった。淡い黄色の壁に青と茶色の縁どりが少しメルヘン調で、また、立派な両開きの木の扉が伝統の重さを感じさせている。建物もさることながら、中でどのような研究がなされているかについても興味津々であるが、残念ながらわからない。開け放たれている地階の窓からこっそり覗くと、製図板や写真測量のための機器が、まるでフェルメールの絵のように落ち着いた薄暗い室内に見えた。

建物の前を行ったり来たりして、いろいろな角度からしばらく眺めていた。ふと見上げると、三角の屋根の上には地球儀が載っていて、それを男が担いでいる構図になっていた。これがこの研究所のシンボルなのだろう。古来、激しく民族が流動していた大陸の真ん中における「地理学」を創造した世界観とは、いったいどんなものだろうか。

（4）ハンガリーの中のアジア、ヨーロッパの中の中のハンガリー

レストランで、ハンガリー特産の旨いワインを飲んでいると、人なつこいウェィターが

話しかけてきた。まずはお互いの名前からということで、「ファーストネーム」の話になった。

「鈴木というのはファーストネームなの？」

「いいえ、ファミリーネームだよ」

と答えて、ふと思い出した。ハンガリーのビザ申請書を書くとき、苗字を先に書かされたことを。そこで、

「ハンガリーではファミリーネームを先に呼ぶの？」

と聞いてみると、やはり、

「イエス」であった。

ちなみに、ビザ申請書に記入する住所も「東京都、練馬区、云々」の順で、また日付も年、月、日の順に書く。このような、広い（大きい）物をまずとらえ、それから狭い（小さい）物を見ていこうとする発想は、視点を天に置いて、そこからズームアップしていく見方とも言える。これはまさに日本と共通する発想であり、もう一言いえばアジア的なものと言えるのではないか。そう考えると、ハンガリーに〝アジア〟を見たような気がした。

街中を歩く人々の顔はもう完全にヨーロッパ人であり、そこにある芸術や文化もオーストリアの影響をとくに強く受けていて、〝ヨーロッパ〟と区別つかない。このことは昼間街の中を歩いていて強く感じられた。それでも彼らは心の中には、アジア人マジャールの

写真109：天井から吊された花が美しい、ウィーン行きの始発ブダペスト東駅

意識と誇りを、今も持ち続けているのであろう。自らをマジャールと呼び、祖先の騎馬像を誇らしげに飾っていること、隆盛の歴史を石に刻み込んでいることがそれを示していた。そのような意識が市民ひとりひとりのなかで具体的にどの程度なのかは、短い滞在では残念ながら知ることはできない。

聞くところによれば、今でも時々、青い目の両親から、黒い目の子供や蒙古斑をもつ子供が生まれるという。表面に現れる文化や生活習慣はすっかり〝ヨーロッパ〟でも、根本的な発想と血の中には、今なお〝アジア〟が生き続けているのかもしれない。

タクシーに乗ると、ドライバーが、

「君が言うように、確かにブダペストはきれいな都市だけど、この国のイデオロギーはねえ……」

と不平を漏らす。思えばブダペストに到着するやいなや、すっかり西欧的な芸術や文化や街並みに驚き、まだ〝東〟にいることをすっかり忘れていた。観光客として歩いていると、つい気づかずに通り過ぎてしまうが、ハンガリーはこの時、他の東欧諸国と同様に、膨大な対外債務をはじめとする経済的な問題を多く抱え、複数政党制の導入などの大きな改革を図っている最中だった。

ウィーンなど西欧への国際列車はブダペスト東駅から発着する。まぶしい陽光の印象が強いブダペストをあとにして、ここから列車に乗り込んだ。

汽車はブカレスト発ウィーン・ミュンヘン経由パリ行き。オリエント・エクスプレス号だった。その名のイメージとはかけ離れた、暗い色をした古めかしい列車の車内に入ると、中は大きな荷物を抱えた乗客で大変混み合っていた。一人分空いていた座席を見つけて座ると、ブカレストから乗って来たというルーマニア人家族と一緒になった。ブカレスト滞在中に愛用していた、日本語・ルーマニア語会話帳を取り出したら喜ばれて、それが会話のきっかけとなった。年輩の紳士はドイツ語を話せて、そのうちドイツ語と英語の入りまじった会話となった。彼らの旅行の目的については、何となく気安く聞いてはいけない気がしたのだが、どうやらウィーンに滞在しようとしているらしかった。鉄道旅行とはいっても、彼らルーマニア人は海外旅行を厳しく制限されているわけだから、彼らにとっては、オーストリアへ行くというのは特別なことであるはずだ。ウィーンでのホテルの料金はどれくらいか知っているかと、盛んに尋ねてくる。その目は真剣そのものだった。確かにまだ〝東〟にいるのだと、改めて思い直した。

ドナウ川と並行して西へ延びる鉄路は、オーストリアへと続いている。周りに見える民家の造りは、〝西側〟の建材と建築技術のおかげで、端正に整った、しっかりしたものになってきたように見える。

「国境」は時と所によっては何もかもを分断する。しかし、時にはまったく大した意味をもたないこともある。そんな不思議な「国境」をもう一つ越えると、その先は完全に〝ヨーロッパ〟になるのだった。

第三章　激動の世紀末を越えて〔2019〕

トルコで一九八八年の夏を過ごし、その後にバルカン半島をひとりで放浪した頃は、今思えば一九八五年のソ連におけるペレストロイカや八六年のチェルノブイリ原子力発電所事故などの影響により、バルカン半島の不安定化が既に始まっていた。しかし、まだその具体的な予兆は感じられなかった。

私が訪れた一年後の八九年九月には、ハンガリーとオーストリアの国境が開放された。一〇月にはハンガリー共和国憲法が制定され、一一月にはベルリンの壁が崩壊し、ブルガリアで政権交代が起こった。一二月にはチェコスロバキアでも革命が起き、ルーマニアではチャウシェスク大統領夫妻が処刑された。

東欧革命から三〇年以上の歳月が流れ、すっかり社会情勢が変わった。国境駅にライフルを持った警備員はもう立っていないだろう。警備棟から見張られ、笛を吹かれることもないだろう。厳しい入国チェックも遠い昔の話になった。今思えば、革命前夜のバルカン半島をよくもひとりで旅したものだ。国ごとに言葉が違うため何冊もの会話帳を抱え、国境を越えるたびに通貨はただの紙切れになったが、改めて「国境」の意味を考える機会になった。

その後、ウィーンにたどり着いた後、インスブルックからブレンナー峠を越えてミラノに至り、そこから空路でアテネへ飛んだ。そして、財布の奥に大事にしまっておいた復路のチケットで帰国した。

それから三一年後、再びイスタンブールに来た。この間、トルコにも大きな変化があった。私が訪れたのは八八年と九二年であったが、その七年後には、イズミット・コジャエリ地震とデュズジェ地震が立て続けに起きた。そして中東情勢の不安定化の中で、二〇一四年にはエルドアン首相が大統領になり、二〇一六年のクーデター未遂事件後の二〇一七年には、大統領の権限が大幅に強化された。

トルコ年表（1980年代以降）

1980年　　トルコ国軍による9.12クーデター
1982年　　新憲法で世俗主義、三権分立
（1983.10.30 M6.9 エルズルム地震）
（1991年 湾岸戦争）
（1992.3.13　M6.7 エルジンジャン地震）
（1999.8.17　M7.6 イズミット・コジャエリ地震）
（1999.11.12　M7.2 デュズジェ地震）
2007年　　憲法改正、大統領国民投票制
（2011.10.23 M7.2 ヴァン地震）
2014年8月　エルドアン首相が大統領就任
2016年7月　トルコ国軍の一部がクーデター未遂、死者290人
2017年　　憲法改正、大統領権限強化、首相職・議院内閣制廃止
（2019.9.26　M5. 8 マルマラ海・イスタンブール地震）
（2020.10.30　M7.0 イズミル地震）

写真110：トルコのクーデター未遂
（アンカラでトルコ軍の戦車の上に立つ人々、2016年7月16日 ロイター＝共同）

悠久の都イスタンブールの街はどのように変わり、
そこに住む旧友たちはどうしているだろうか。

1　イスタンブール新空港

（1）トルコの月

二〇一九年九月一五日の未明、イスタンブール国際空港に着陸した。この空港は二〇一八年一〇月に開港したばかりで、イスタンブールの街から北西へ三五キロの黒海沿岸にあった。既に四本の滑走路が完成しているが、最終的には六本に増強してヨーロッパ最大の旅客量を確保する計画だという。早朝五時前の空港に人影はまばらで、美しいデザインのコンコースは広々としていた。エスカレーターを何本も乗り継いでやっと入国カウンターにたどり着いた。

三一年前（一九八八年）に初めて来たときは、市街地内のアタチュルク国際空港だった。その時も夜明け前で、イシカラ先生が出迎えてくれたため、ノーチェックで入国できた。空港ビルの外の喧騒が印象的だった。

しかし今回の入国手続きは洗練され、スムーズに進む。

広いロビーに出ると、ムスタファが出迎えてくれた。髪は白くなったが優しい笑顔は変わらない。

「メルハバ！　ナスルスヌス？（こんにちは、ごきげんいかが？）」

彼は九〇年代の初め頃に日本に留学していたため、

「お、ゲンキですか？」

と日本語で話しかけ、茶目っ気たっぷりに両手を差し出した。

到着が早いので七時頃ゆっくり来てくれれば良いと、私は出発前にメールしていたが、トルコ紳士は親友を待たせたりしない。

新空港の近代的な駐車場は広々していて、そこにムスタファのトヨタ・オーリスが止まっていた。車に乗り込むと、オーリスは空港を出て高速道路に入った。まだ新しい高速道路は彼の住むイスタンブールの市街地まで続いていた。

窓を開けると涼しい未明の風。西の空には満月が光っていた。三一年前もアタチュルク空港から市街地を抜けるとき、モスクの尖塔の先に月が見えた。あの時は東の空に下弦の月だった。イスタンブールには月がよく似合う。さすがに新月旗の国である。

東京の首都高速道のように、インターから緩やかなカーブを切ると、直接、静かなバクルキョイの市街地に出た。そこからしばらく走ってムスタファの家がある六階建ての集合住宅に着いた。周りはヨーロッパ的な落ち着いた街並みで、片側一車線のバス通りには、少し色づき始めたポプラと菩提樹が並んでいた。道の向かい側には、一本の尖塔をもつ小さなモスクがあった。

写真111：イスタンブール・バクルキョイのモスクから早朝のアザーンが響く

(2) ムスタファと聴くアザーン

階段を上ると五階に玄関があった。玄関のとなりの八畳ほどの居間にはソファーが置かれ、白壁にはきれいな絵や飾りがかけられていた。「どうぞ」とムスタファが日本語で言った。

ちょうどそのとき、向かいのモスクから、コーランを詠み上げる朝六時のアザーンが鳴り響いた。北緯四〇度のイスタンブールは、九月下旬になると日の出が遅い。ようやく白々と明け始めた異国の街中に響くアザーンの大声は、「おまえはイスタンブールへ来たんだぞ、よくもどって来たな」と言われているようだった。

「少し寝たら？　家族はまだ寝ているからね……」

とムスタファが今度は英語で言い、ノートパソコンでメールチェックを始めた。私はソファーで少し休もうかと思ったが、久しぶりにトルコにいる感動を抱えて、とても眠れない。三一年前もそうだったなと思い出した。あのときは空港到着早々にボスフォラス海峡を渡り、丘の上にあるボアジチ大学のカンディリ地震観測所のゲストハウスへ連れられて

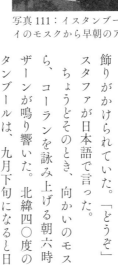

行った。テーブルに置かれた真っ赤なダリアの花が印象的だった。

「トルコの仲間はみんな元気？」

「なんとかやっているよ。人それぞれだけど……」

と言って、懐かしい名前を挙げては近況を教えてくれた。

「日本の皆さんはどう？　伊藤さんは？」

伊藤さんというのは東京に住む私の叔父のことだ。ムスタファは八九年から二年間、東京工業大学へ留学し、世田谷区大岡山で下宿した。その頃の日本はまだトルコ人が珍しく、部屋を借りるのは至難の業だった。私は仕事の都合で下宿探しを手伝えず、代わりに叔父がムスタファと何日も歩き回り、やっと木造アパートの二階の一室を見つけて保証人になってくれた。叔父は学生時代の六〇年代に、ヨーロッパを一年間放浪した経験があり、その時に世話になった人たちへの恩返しのつもりでムスタファを手伝ったんだよと言っていた。ムスタファにとっては日本一の恩人であり、今も慕っている。

「ところで、トルコのシノップ原発計画から三菱が撤退して良かったね」

私はそのニュースを新聞で読んでいた。

「うん良かった」

ムスタファも頷いた。我々は地震研究者として、原発と地震の関係が大いに気にかかる。シノップはトルコ北部の黒海沿岸の街で、プレート境界でもあるアナトリア断層の影響が懸念される。またすぐ近くには別の活断層の存在も指摘されていた。

日本では、原発と活断層の関係が一時大変だった。私は、二〇〇七年以降、原子力安全委員会の耐震審査の手引き作成や、二〇一二年からの原子力規制委員会の規制基準づくり、さらに、原発敷地内の活断層調査などにかり出された。原子力規制委員会の会議では、原発規制につながる厳しい意見を述べ、そのことが連日ニュース報道されたこともある。電力会社や原発推進の研究者からは厳しい批判にさらされた。ムスタファにそのことを直接知らせた記憶はないが、人づてに聞いていたようだった。あえて言葉にはしないまでも、ご苦労さまとねぎらってくれているようだった。

「トルコは原発計画をまだ続けるの？」

「仲間のトルコ人研究者の中には、ウィーンの原子力関係機関へ出向して出世したのもいるよ」

二〇二一年二月の報道によれば、トルコ南部の地中海沿岸にアックユ原発の建設がロシアの協力で開始されるという。

「一九九九年の地震は大変だったね？　トルコではその後、地震防災は進んでいる？」

「トルコ人は熱しやすく冷めやすいから、すぐ忘れちゃうんだ……」

長い空白の時間を埋めるように、ぼそぼそと話をしていると、いつの間にか夜が明けた。

そのうちムスタファの九歳の息子（アリ・ケマル）と奥さん（セマ）、それに奥さんのお母さん（エミネ）が階段を下りてきて、初対面の挨拶を交わした。

「それじゃあ朝ご飯にしましょうか？ どうぞ」

とセマに促されてテーブルにつくと、暖かいパン（エキメック）と、何種類ものチーズ、トマト、キュウリ、それに小さなグラスに入れたチャイ。定番の懐かしい朝ご飯が並んでいた。

　ムスタファの家は、落ち着いた雰囲気のコンクリート造の五階と六階。コンドミニアムスタイルになっていて、上層階からはバルコニーへ出られる。朝日に輝く緑豊かなイスタンブールの落ち着いた市街地には爽やかな風が吹き抜けていた。

写真112：ムスタファとセマ

(3) ガラタ桟橋の賑わい

「それじゃあホテルまで送っていくよ」

と言われて、ムスタファと家を出た。オーリスでしばらく走り、トラムのゼンティンブルム駅についた。駅前に路上駐車して、ムスタファもトラムに同乗してくれた。

写真113：イスタンブール大学文学部とラーレリ・ウニベルシテ駅（2019年）

そのトラムは一九九二年に新設されたT1ライン。車両も新しい。車窓から街の景色がよく見える。街の雰囲気が懐かしく、黙って外を見ていると、ムスタファは気持ちを察してくれて、無言のまま微笑んでいる。

やがてラーレリ・ウニベルシテ駅についた。ここは旧市街地のど真ん中。目の前にイスタンブール大学の校舎も見える。今晩の宿は駅前の五階建ての落ち着いたホテルだ。ムスタファに、

「ここはムスタファの大学だよね？」

というと、

「そうなんだけど今は違うんだ……」

と言う。イスタンブール大学は現政権の政策で二〇一八年に分割された。イスタンブール大学だけでなく伝統ある一〇大学が分割され、一五大学が新設されたという。

ムスタファと別れた後、ひとりで再びトラムに乗り、シルケジ駅へ向かった。そこは、三一年前に東欧旅行へ旅立ったオリエント急行のターミナル駅だ。

まずはあの日の旅立ちのプラットホームに立ちたい。そう思って駅舎に入ると、雰囲気が違う。ホームの痕跡はあるものの、シルケジ駅は地下駅になり、エスカレーターで降りるようになっていた。もはやここは、オリエント急行のターミナルではない。案内板を見ると、地下駅からは東西両側へ、マルマラインとして新たな鉄路が続いている。東はそのままアジアへつながっているらしい。

写真 114：ボスフォラス海峡の金閣湾（新市街の丘に建つガラタ塔と湾に架かるガラタ橋、2019 年）

思い出のターナル駅がなかったというショックを抱えたまま、駅舎の外に出た。賑やかな人混みはあの日のままだった。そこから北方へ坂道を下ると、やがて目の前に海が見えてきた。ボスフォラス海峡のエミノニュの港である。

海はあの日のまま、爽やかな風が吹き、カモメが飛び、何十艘もの中型客船が、時おり汽笛を鳴らしながら行き交っていた。三一年前と同じように、多くの人が集まって活況を呈している。

海岸線まで行き、盛んにカメラのシャッターを切った。左手には金閣湾にかかるガラタ橋が見える。

橋もあの日のままで、欄干の下にはレストランが並んでいる……そう思ったが、何か様子が違う。橋の上をトラムが走っているではないか！　ガイドブックで調べると、この橋はトラムが通れるように建て替えられたと書かれている。橋の真ん中にトラムの駅が造られ、

写真 115：ガラタ橋の上を走るトラム（2019 年）

写真 116：ガラタ橋の上から釣り糸を垂れる男たち（2019 年）

人々はそこで降りて橋の両側へ歩く。おもしろい設計である。

橋の向こうはタクシム広場へ続く新市街地。新市街地と言っても新しくない。旧市街地が古すぎるだけだ。新市街地の小高い丘の上には、一四世紀に建設されたガラタ塔が今もそびえている。

太陽は西に傾き、夕日色に変わりつつある。その光に照らされたガラタ橋には、今も多くの民族が行き交い、男たちが釣り糸を垂れていた。アジアの東端から再びやってきた私は、そこでこれまでの三〇年間に思いを馳せた。

2　ボスフォラス海峡の今

（1）海峡トンネル

「チェンゲルキョイへ行きたい」

と、ムスタファに再会した日に伝えていた。チェンゲルキョイはイスタンブールから見てボスフォラス海峡の対岸にあり、三一年前に長期滞在したボアジチ大学カンディリ地震観測所の丘の麓にある、小さな港町だった。毎晩のように、夕飯時に通った思い出の場所だった。

そこまで行くには、当時は海峡を橋で越えるか、渡り船に乗るかだったが、今はもっと

写真 117：ボスフォラス海峡第一大橋（7月 15 日殉教者の橋）、対岸はアジア、PIXTA 提供

早く行ける。マルマライン鉄道が開通したためだ。

ムスタファと、朝九時半にシルケジの地下ホームで待ち合わせることにした。シルケジ駅は二〇一三年までオリエント急行のターミナルだったが、今はヨーロッパからアジアへつながる鉄路の途中駅だ。長いエスカレーターで地下ホームへ降りる。地下九階の深さだという。そこから、マルマライン鉄道のアジア側へ向かう列車に乗った。

マルマラインは、ボスフォラス海峡をトンネルで抜ける。その海底トンネルは、日本のＪＩＣＡの資金調達により、大成建設が造った。海峡の最深部は海面下六〇メートルであり、海底に構造物を沈める沈埋《ちんまい》工法が採用された。流れの速い海峡で、高度な技術力が試された。実は、海峡横断トンネルの構想は、オスマン・トルコ時代の一八六〇年に、既に設計図が描かれていたという。そのため「トルコ国民一五〇年の夢」として、二〇一一年の貫通式典ではエルドアン大統領が喜びを語り、トルコと日本の友好関係が一層深まった。

シルケジ駅を出ると列車はすぐに高速で走り始め、五分後にはあっけなく対岸のウシュクダル駅へ着いた。再び長いエスカレーターで上っていくと、陽光まぶしいウシュクダルの街に出た。ここは三一年前に、オーヤさんと一緒にチェンゲルキョイからドルムッシュ（乗合タクシー）に乗って来た街だった。あのときは、異国情緒あふれるイスラムの雰囲気が色濃い港町という印象だったが、今は小ぎれいな街並みになっている。古い立派な建物が、港前の広場に面して数多く建ち並ぶ。

写真118：アジア側から望むボスフォラス海峡（2019年）

ここからチェンゲルキョイまでは、海峡伝いに約四キロ北上することになる。かつてはドルムッシュだったが、今回は中型のバスに乗ることにした。懐かしい海峡沿いの街並みをゆっくり眺めたかったが、車窓の景色は素早く後ろへ遠ざかる。やがて一九七三年にイギリスによって建設された海峡第一大橋が見えてきた。下から見上げる架橋の景色は相変わらず壮観だ。三一年前にトルコへ来た七月一日時点では、ヨーロッパとアジアを結ぶ唯一の橋であり、早朝に我々はこれを

写真 119：チャイハネから見るチェンゲルキョイの魚料理ロカンタ（2019 年）

渡った。その二日後に、北方六キロの場所に第二大橋（スルタン・アーメット橋）が日本の政府開発援助のもと、石川島播磨重工業（現ＩＨＩ）や三菱重工業などにより建設され、完成した。第一大橋は、今では「七月一五日殉教者の橋」と呼ばれている。それは、二〇一六年に軍の一部が起こしたクーデター未遂事件の際、兵士が橋を封鎖し、抵抗した市民が犠牲になる事件が起きたことに由来しているという。

しばらく行くと、チェンゲルキョイの街並みが見えてきた。道ばたに大きな樹木があり、その木陰に商店が並ぶ。庶民的で長閑な街並みは当時のままだ。「この辺だったはず……」と歩いて行くと、見覚えのある大木が見えてきた。一本の大樹は切り株だけになっていたが、もう一本は青々と葉を茂らせている。聴けば最近、嵐で倒れたらしい。その大木の下には、波止場に面する二軒のレストランが今もある。かつて夜な夜な皆で食事を楽しんだ場所だった。

（2）カンディリの丘へ登ろう

木漏れ日がキラキラしている。思い出のレストランの屋外テーブルにムスタファと向かい合って座ってチャイを飲んだ。

「今日はあなたのノスタルジックツアーだね」

とムスタファにしっかり見抜かれてしまっていた。

「それじゃあ、カンディリへ行こう」

そう言ってムスタファは席を立った。

「ミニバスで行くか？」

と言われたが、ノスタルジックツアーは歩くのが一番。なにせここは、私にとって初めて歩いた異国の地だったので、ゆっくり当時の面影を探したかった。

しばらく海峡沿いを北上すると、立派な尖り屋根をもつクレリ軍事高校の瀟洒な建物が見えてきた。一九世紀半ばに建てられたトルコで最も古い軍事高校だが、二〇一六年のクーデターの後、閉鎖されてしまったという。

写真 120：海峡に面する旧クレリ軍事学校（2019 年）

その脇の曲がりくねった坂道を上った。かなりの急

写真 121：カンディィリ研究所へ続く並木道（2019 年）

勾配で距離も長い。古い民家の脇を抜けていくと、やがてカンディリ観測所の守衛所に着いた。ムスタファは二〇一〇年までここに勤めていたので、守衛と顔見知りで、私のことを守衛にトルコ語で紹介してくれた。三〇年ぶりだとか、ノスタルジーだとか言っている。守衛は微笑んで「ホシュギャルドゥヌス（ようこそ）」と言って中へ入れてくれた。

守衛所からまっすぐ坂道を登る。かつて子供たちがサッカーをしていた広場には新しい学生寮が建っていたが、それ以外はほとんど変わっていない。道路の脇にはポプラの木が風にそよぎ、イチジクの木の香りがし、緩やかな山の斜面には松の木が茂っている。息が切れたころ、ようやくカンディリ観測所に着いた。そこは今も、曲がりくねった細い道沿いに、地中海地方特有の明るいレンガ色の屋根の二階建てのオフィスや研究棟が点在していた。

「ここが僕のいた建物だ」

と言って古い建物を案内してくれた。

「あそこがイシカラさんのオフィス」

写真 122：カンディィリ研究所の懐かしい地球物理学研究棟（2019 年）

写真 123：研究棟の表札（2019 年）

そこへ入ると、部屋の扉の上に、かつて世話になったイシカラ教授とバラミル教授の名前が掲げられ、メモリアル・ルームと書かれていた。

「ここがスネークハウス、覚えている？」

「あ、我々が使ったゲストハウスだね」

そこは古びた様子もなく、昔と変わらないたたずまい。ゲストハウスは二つあって、ひとつがスネークハウス（へび屋敷）、もうひとつがモスキットハウス（蚊屋敷）。まったくトルコ人は冗談好きだ。スネークハウスの前にはキョウチクトウが、あの日と同じく淡いピンクに咲き誇っていた。

（3）イシカラ先生！

さらに歩いて行くと、見慣れない新しい建物があって、私はなぜか惹き寄せられた。それは一九九九年のイズミット・コジャエリ地震後に建てられ、日本の研究資金によって整備された防災教育棟だった。展示室の扉は閉まっていたが、ガラス越しにのぞき込むと、日本でもおなじみの地震のメカニズムを説明する展示物や、建物耐震のしくみを説明する模型、家具固定の解説パネルなどが展示されている。

展示室のとなりのホールの壁に、五～六枚の顔写真が架かっている。その中に懐かしい顔があった。

「イシカラ先生！」

思わず声が出た。かつての調査の際には毎晩私をからかい、元気にやれと励ましてくれた。調査後にひとりで東欧へ行くと言うと気遣ってくれて、困ったらどこからでも連絡して来なさい、と言われて心の支えになった。この建物に惹き寄せられた理由がわかった。

カンディリからの帰り道は、反対側の門から出ることにした。そちらが正門だった。正門前の本館前に一台のライトバンが止まっていた。

「あれはイシカラさんの専用車だったんだ。ナンバーがDBなので、デプレム・ベベ（地震じいさん）号って呼ばれていたんだよ」

とムスタファが教えてくれた。イシカラ先生はイズミット・コジャエリ地震の後、地震防災の重要性を連日テレビで訴え、そんなあだ名がつけられたとのことだった。

3　イズミット・コジャエリ地震から二〇年

(1) マルマラ海岸の高速道路

その日は朝八時にＴ１トラムのゼンティンブルムル駅でムスタファと待ち合わせて、彼の車で一九九九年の大地震の震源地、コジャエリ県イズミットを目指した。ムスタファのハンドルさばきは軽快で、オーリスはあっという間に市街地を抜け、ボスフォラス海峡トンネルでアジア側へ渡った。運転しながら彼は盛んに友人シェリフと携帯電話で話している。しばらく行くと、高速道路の道端にシェリフが立っていた。彼以外にも大勢の人がそこに立って、次々に別々の車に飛び乗っていた。シェリフは海峡近くに住んでいるが、コジャエリ大学で教授を務めるため、週日は単身赴任していた。シェリフとは三〇年近く前にトルコで会って以来なので、本当に久しぶりの再会だった。貫禄がついて風貌は変わっていたが、飄々とした物言いは変わらない。八八年の調査の際は、彼は日本へ留学すると言って入れ違いだった。

車の中で九九年の地震のことを話してくれた。何と言っても彼が今勤めるコジャエリ大学は震源地の中心にある。ムスタファによれば、シェリフは地震後、有名人になったと言う。連日、テレビで地震解説をして、

「大儲けしたよね?」

「そうそう家が建った」

もちろんそれはジョークだ。国際的な共同研究もいくつか手がけたという。大きなプロジェクトの重要なポストを任されることになったが、その方針に納得できず断ったこともあったと言う。それはムスタファも同じで、主義主張をはっきりさせていた。「生き方は人それぞれ」というのがトルコ流なのだ。

イズミット・コジャエリ地震後の日本との関係を尋ねると、シェリフもムスタファもあ

まり良い印象をもっていないようだった。ひとつの理由は、日本の研究費は使途が限られ、観測所の人材育成など重要なことに貢献しない。支援として押しつけないで、その国の研究者に予算執行においても裁量をもたせないとうまくいかないのだろう。

シェリフは今も、ラジオで地震防災の啓発活動を続けているという。一方、ムスタファは、地震防災ももちろん重要だが、それを支える地震の基礎研究を支えることが自分の使命だと考えていた。

写真124：イズミット・コジャエリ地震（1999年8月、ロイター＝共同）

(2) イズミット・コジャエリ地震

高速道路は渋滞もなく、約二時間でコジャエリに到着した。八八年の調査の際も、我々の調査隊はカンディリから数台のミニバスに分乗して同じルートをたどったが、高速道路ではなかった。屋根の上にスーツケースや調査機材を縄でくくりつけて、イズミット湾に面する一般道をガタゴト走った。

マルマラ海北岸のちょうどこのあたりが、九九

写真125：断層の沈降側で飲食店街が水没したギョルジュク（1999年8月、共同通信）

年の被災地の中心だった。かつて我々が調査した際に一緒だったイスタンブール工科大学のバルカ教授がサイエンス誌に書いたレポート（A. Barka, 1999, Science, 285, 1858-1859.）には、以下のように書かれている。

「地震は一九九九年八月一七日午前三時二分に起きた。マグニチュードは七・四。震源の深さは約一〇〜一六キロ。強い揺れは三七秒間続いた。最も大きな被害が起きたのはマルマラ海東端のイズミットだが、そこから約七〇キロ離れたイスタンブールでもかなり大きな被害が出た。観測データの通信が不通になったため、カンディリ観測所の当初の推定マグニチュードは六・七とされ、政府が被害を過小評価する原因になったとも言われた。

イスタンブールとアンカラを結ぶ主要高速道路が不通になり、救助活動も遅れた。電話も途絶え、安否を気遣う住民が一般道に殺到して通れなくなった。多くの建物が完全に崩壊し、市民が犠牲になった。湾岸の石油精製所で火災が起こり五日半燃えた。海軍基地と造船所は四メートルの横ずれを伴う地震断層に切り裂かれ、少なくとも四〇〇人の軍人が死亡した。全域での死者・行方不明者は一万七千人に達した。

地震断層は東西に延び、西のギョルジュクから、イズミット、サパンジャ、アキャズを経て、東方のギョルヤカまで九〇キロに及んだ。地震断層に沿う最大変位はサパンジャの東で生じ、道路が右に五メートルずれた。ギョルジュクでは、断層沿いの一〇〇メートルにわたって土地が陥没し、ホテルや商店が水没した。

地震の際、地元の人々は湾岸地域で炎の玉を見たり、爆発音を聞いたりしたという。こうした言い伝えは一六世紀の地震の際にもあったらしい。

今回の地震は、長さ一〇〇〇キロに及ぶ北アナトリア断層に沿って、一九三九年以降に西へ移動し続けてきた一連の地震の七番目にあたる。この地震が発生したことにより、ギョルジュクより西側（すなわちイスタンブールに近い地域）の地震リスクが高まった。

一七一九年と一七五四年の地震では、イスタンブールからアダパザル地域の範囲で、それぞれ六千人と二千人が死亡している。一八七八年の地震ではマルマラ海の東（サパンジャとアダパザル地域）で大きな被害があった。一八九四年の地震でも、マルマラ海沿岸で一千四百人が亡くなっている。今回の地震は一七一九年の地震と発生場所がよく似ている。

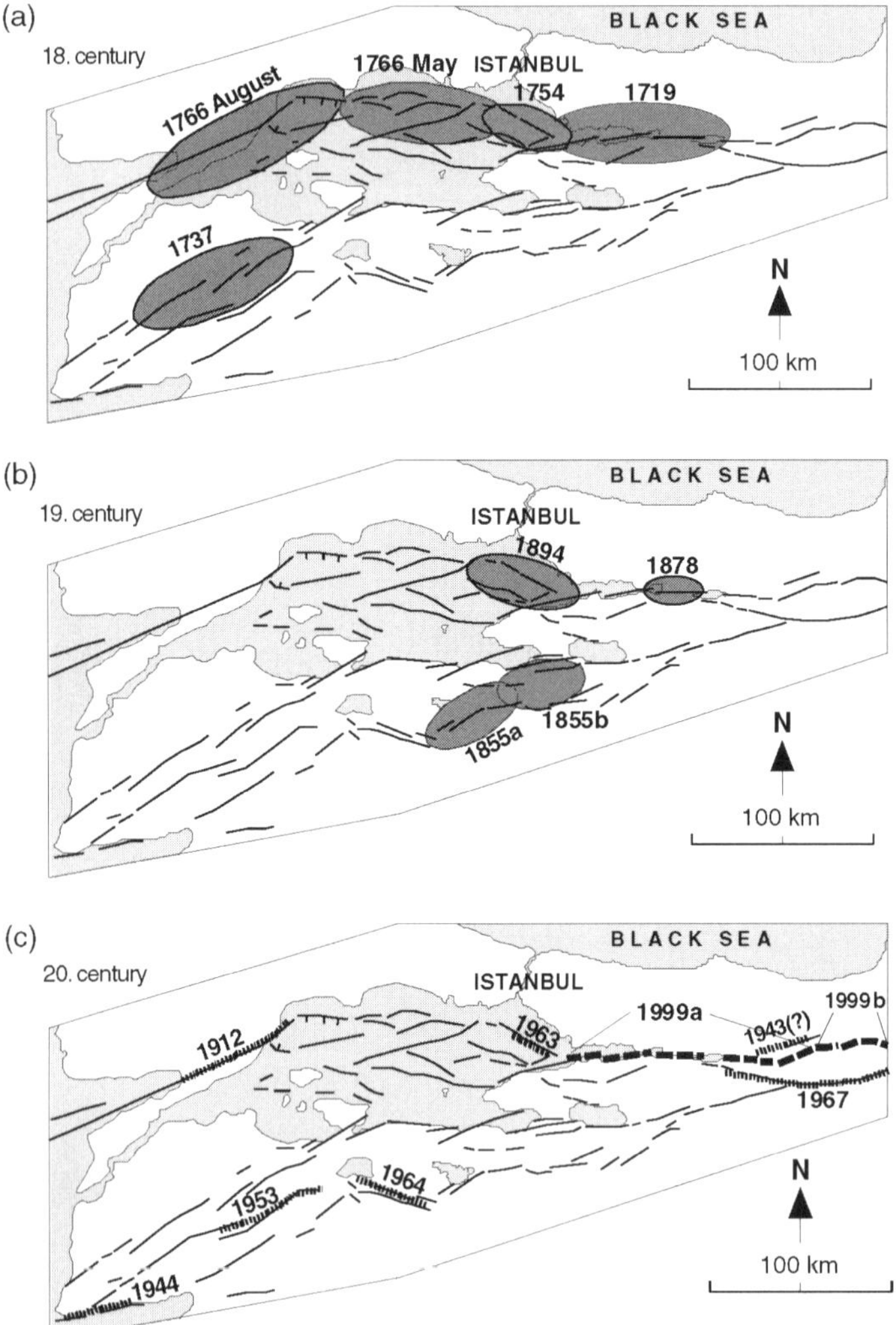

図 16：イスタンブール周辺の最近 300 年間の地震活動
（Barka et al, 2002 による）

ＧＰＳによる計測によれば、この付近の北アナトリア断層の深部の変位量は年間約一五ミリであり、その分の歪みが蓄積されて、約三〇〇年ごとに地表が四〜五メートルずれると考えると理解しやすい。今回の地震はこうした地震のひとつであり、驚くに値しない」

写真126：イズミット湾東方に今も残る河川堤防の横ずれ（2019年）

この論文を書いたバルカ教授は、優しい語り口の穏やかな人だった。丸みを帯びたルノーに乗る姿が忘れられない。その彼が言う、論文の最後の言葉、「驚くに値しない」に、どんな思いが込められているのだろうか？「起こるべくして起きたのだよ」と、諭したかったに違いない。

さらに彼が書いた二〇〇二年の論文（A. Barka et al., 2002, Bulletin of the Seismological Society of America, 92, 43-60）によれば、この地域では最近三〇〇年間に図16のように地震が繰り返されているという。マルマラ海北部では、一七一九年の後、一七五四年と一七六六年に地震が連続的に発生した。一九世紀にも一八七八年と九四年に起きた。二〇世紀は、一九六七年の活動区間よりも西の空白域を埋めるように、九九年の地震が起きていることがわかる。やはり大変気になるのはイスタンブール南西のマルマラ海の海底の活断層であり、ここは一七六六年以降、二五〇年以上も大地震が起きていない。

（3）地震断層の痕跡

シェリフは今も残る地震断層の痕跡を案内してくれた。イズミット郊外の長閑な住宅地を流れる小川の堰堤が、二〇年経った今も二～三メートル右ずれしたままになっていた。地震当時、付近の一階建ての建物は平気だったが、五階建ては壊れたという。揺れの周期の特性がそうさせたのか、あるいは六階にペントハウスを増築したものが多かったためなのか、理由はわからないとも言っていた。

二〇年経つと地震の痕跡を探すことは難しい。それでもここで多くの人々が甚大な被害を受け、悲嘆にくれたことは間違いない。

シェリフが勤めるコジャエリ大学は、イズミット北方の丘の上にあった。そこへ行く途中に震災復興団地があった。立派な造りのマンションで、震災復興に多くの予算が投入されたことを思わせた。そう言えば、トルコはオスマン・トルコ時代に、当時のスルタンが地震被害を手厚く補償した伝統があると聞いた。そのことは被災者にとってはありがたいが、あまりに手厚いと、市民は事前の防災を怠りがちになって逆効果になりかねない。九九年当時、日本の研究者がそう指摘していた。地震防災には万国共通の難しさがある。

私たちの八八年の調査は、ここから南西へ四〇キロ離れたイズニックを拠点に行われた。調査の際に興味深そうに集まってきた少年少女たちは今頃どうしているだろうか。また、トレンチ調査のために池田さんとウスラットと一〇日間暮らしたアキャズは、一番被害が激しかったと聞く。そこまで足を延ばしたかったが、今回は行けなかった。我々が寝泊まりした営林署の宿舎も潰れてしまったのかもしれない。

（4）地震観測網の整備は続く

コジャエリ大学は学生数六万の国立大学である。シェリフは地震学の講座を構え、五〜六人の若手研究者と研究を続けていた。

我々が行ったとき、たまたまテレビ局のクルーが取材に来ていた。シェリフたちが進めているブルサ周辺の新たな観測網整備を取り上げるためだった。日本から研究者が来ているとシェリフが言うと、クルーから私も取材に応じて欲しいと言われ、三〇年前からの経緯も含め、日本とトルコの共同研究の理由を問われた。日本も大きな地震に見舞われ、被害軽減は共通の望みであること、七〇年代以来、両国の多くの研究者がお互いを大切に思ってきたことを話した。

今後はイスタンブールの大地震が気にかかる。バルカ教授の論文にも、イスタンブール周辺で地震リスクが高まっているとの指摘があった。九九年の地震はプレート境界である北アナトリア断層沿いで起きたもので、これまでも地震が頻繁に繰り返されてきた。北アナトリア断層はマルマラ海の海底をさらに西へ続いていて、そこがイスタンブールのすぐ南方にあたる。もしそこで地震が起きれば、イスタンブールの街の被害は免れようがない。

一八世紀に、イスタンブールでとくに大きな被害が起きている。そのイスタンブールでは人口増加が止まらない。一九五〇年に百万足らずだった人口は、九〇年には七百万、現在は千七百万に跳ね上がっている。主な原因はアナトリア地方からの人口流入と、出生率の増加とのこと。それにバルカン半島からの移民や中東からの難民も加わる。

今地震が起きたら多くの建物が倒壊し、想像を超える被害が起こるかもしれない。過去の地震の際には大きな津波も起きていた。九九年当時、国際放送のテレビ映像でイシカラ先生が国際的な支援を求めていたことが思い出される。

ムスタファはトルコの地震対策の現状について教えてくれた。地震の翌年（二〇〇〇年）から学校や病院の建て替えが始まった。新しい病院には免震化が義務づけられた。高架橋や主要な橋も補強された。二〇一四年には防災都市計画がスタートし、すべての都市は被害軽減計画を立てて、二〇二一年九月までに完了させることが義務づけられた。

二〇一八年には新たな耐震基準が決められ、二〇一九年一月一日から施行された。危険建物や危険地区内の建物の建て替えのため、オーナーには低金利融資に加え、最長4年の借家代、固有資産税の軽減が行われる。小学校で四年間の防災教育が必修化され、その他に専門学校や、危機管理・防災対応に関する大学の学部も新設されたという。

イスタンブールは、一七六六年（マグニチュード七・一）と一八九四年（マグニチュード七・〇）の地震で被害を受けている。死者数は前者で四千、後者で千三百とされている。震源の位置の推定は研究者によって違いがあるが、マルマラ海を通る北アナトリア断層上のどこかで起きたことは間違いない。

帰国から一週間後の九月二六日、午後一時五九分、イスタンブールの真南のマルマラ海の沖合約三〇キロで、マグニチュード五・七の地震が起きた。死者は出なかったが、モスクの尖塔が倒れ、建物にも亀裂が入り、日中だったために多くの生徒や住民は路上に避難した。ムスタファの大学はマルマラ海岸の震源に近い位置（Avcilar）にあったため、被害が大きく、この年の年末までに約七キロ内陸の街（Buyukcekmece）へ移転したという。

スルタンアーメットモスク（ブルーモスク）やアヤソフィアがこれまで何度も大地震を経験し、その都度修復されて今も立派にそびえている姿を見ると、トルコのレジリエンス（柔軟な対応力）を感じ、私などが心配するのはおこがましいとも思うが、それでもやはり、親しい友人が住むこの街が、再び大地震に見舞われないことを願わずにはいられない。

4　変わりゆくイスタンブールの街角で

（1）旧市街地のトラム

この三〇年間の大きな変化は、やはり街中のトラムだ。旧市街地のど真ん中を走るT1は一九九二年に、中心市街地から北方へ延びるT4は二〇〇七年（T5は二〇二一年）にそれぞれ開通し、いずれも最新式の列車が走っている。このほかに一九世紀の路面電車を復活させたノスタルジックトラム（T2：一九九〇年復活、T3：二〇〇三年）や、地下鉄六路線（M1：一九八九年、M2：二〇〇〇年、M3：二〇一三年、M4：二〇一二年、M5：二〇一五年、M6：二〇一五年）ができた。さらに六路線の地下鉄が建設中もしくは計画中で、いずれはイスタンブール新空港までつながるらしい。

なかでもT1トラムは圧巻である。旧市街地の中心であるアヤソフィアやスルタンアーメットモスクやグランドバザールがある地区では、曲がりくねった古い石畳の道の真ん中をトラムが陣取っている。道は直角に曲がることも多く、列車もそれに対応できるように設計され、五～六両編成の列車が高速で走り抜ける。歩道を行く歩行者も、列車が脇をかすめる際には身構えるほどだ。自動車も遠慮気味に同じ道を走るが、曜日によっては中心市街地からシャットアウトされる。日本では、かつて主要都市を走った路面列車の復活は無理だとハナから諦めているが、本当にそうだろうか？　やる気次第でなんとでもなるのだと、T1を見て思った。

ムスタファによれば、イスタンブールでも建設反対の意見はあったという。しかし急激な都市化によって、交通問題（とくに中心部の渋滞）対策は待ったなしになった。さらに大気汚染対策や、二酸化炭素排出抑制、化石燃料消費の軽減のため、必須となった。トラムや地下鉄はまだまだ不足しているという。

写真127：アヤソフィア前を駆け抜けるトラム（2019年）

古都イスタンブールの都市計画について考えながら、スルタンアーメット駅からトラムに乗ったとき、昔ながらのトルコの人情に触れた。混み合う車内でひとりの女性が体調を崩してよろめくと、となりの乗客は彼女を支えた。そしてその周りの人たちは大きな声を挙げた。その声が何両も前の先頭車両にいる運転手に届いたらしく、閉まりかけた扉が再び開いた。彼女を支えて数名の乗客が一緒に下車して、駅のベンチに腰掛けさせた。

写真 128：グランドバザールの入り口に設置された金属探知機（2019 年）

見て見ぬふりなど決してしないトルコ人。トラムの各車両内には、乗客の声が運転席に届くようにマイクが設置されているのだろう。日本でもそうなっているのだろうか？　乗客の声を確かめながら、時に会話しながら、近代的なトラムが運転されていることに、トルコ人の思いやりを感じた。都市とは人情で成り立つものである！

（2）イスタンブール大学界隈

グランドバザールは迷路のようだ。一五世紀にスルタンの命令で作られ、シルクロードの隊商市場として栄えた。一八九四年の地震で損傷したが修復されたという。入り口は二〇ヶ所もあり、歩いた経路を覚えながら進まないとすぐに迷子になる。数年前に国内でテロが頻発したため、入り口には金属探知ゲートが設置されていた。

三一年前に比べると客引きが減った。高額を吹っかけられないようにと身構えていた私

写真129：グランドバザール内のランプ屋（2019年）

は、少し拍子抜けした。薄暗いバザールの中には絨毯やランプや陶器などのほか、香辛料や衣料品などを扱う小さな商店がたくさんある。絨毯を買いたいとムスタファに言うと、小さな骨董品屋へ連れて行ってくれた。イスタンブール大学の同級生がお店を営んでいた。椅子に座るとさっそくチャイをごちそうしてくれた。

しばらく昔話をしてから、

「それじゃあ行こうか」

と、骨董品屋の店長はおもむろにバザールの奥の一軒の絨毯屋へ案内してくれた。「友達の友達はみな大事な友達」というお国柄である。希望のサイズを伝えると、絨毯屋は図柄や色が異なるものを、次々に広げ、伝統的な図柄の意味をひとつずつ教えてくれた。骨董品屋から、

「良い物ばかりだし価格も妥当だよ」

と言われ、私は手作りの素朴な絨毯を選ぶことにした。

グランドバザールを出ると本屋街だった。東京で言えば御徒町のアーケード街と神田の古本屋街がくっついている感じだ。Geography, Mathematics, Grammar な

写真130：壮麗なイスタンブール大学正門（2019年）

写真131：大学構内にそびえるベヤズット塔（1828年にマフムット2世の命により火の見櫓として建てられた〔2019年〕）

どの文字も見える。そしてその奥の小さな門をくぐると、イスタンブール大学の正門があった。本屋街は学生のためのものだとわかった。

イスタンブール大学の正門は大理石造りで、一四五三年創立と刻まれている。この大学を卒業して教授になったムスタファと一緒に門の中に入ると、木立の並ぶ庭園があり、小道の奥に壮麗な建物があった。銅像も立ち並んでいる。庭園に立つ円筒形の建物は天文観測用だと言う。なんとも近世の遺跡のようだ。正門のとなりにはプロフェッサー用のレストランがあり、室内には宮殿を思わせるシャンデリアが吊るされ、そこで教職員と学生が静かにランチを楽しんでいた。

写真132：ムスタファとスレイマニエモスク前のロカンタで（2019年）

（3）スレイマニエモスク前のロカンタ

南向きの正門からイスタンブール大学構内に入り、西門から出ると、そこも趣のある場所だった。辺り一帯が世界遺産だ。となりには大きなスレイマニエモスクがそびえている。

モスクの門の前の食堂（ロカンタ）に入った。店の半分は屋外のテーブル席になっている。日本で言えば、門前のうどん屋か味噌田楽屋だろうか。そこでトルコ伝統のナスの肉詰め（ドルマ）と白豆の煮込みと、アイラン（塩味のヨーグルト飲料）を頼んだ。昔ながらの懐かしい味だった。

ここで大学の近況についても話し合った。日本でも成果主義で世知辛い状況だが、トルコは輪をかけて大変そうだ。ムスタファは、二〇一八年にイスタ

写真 133：アヤソフィア（2019 年）

ンブール大学が分割され、ムスタファの学部はイスタンブール大学ジェラパシャという別大学にされてしまったことを嘆いていた。一五世紀創立の伝統大学の一部が、政府の政策でいきなり新大学にされてしまったのだから、納得がいかないに違いない。

　改めて他の友人たちの近況も尋ねた。九九年の地震の際はまだ全員がボアジチ大学カンディリ観測所に勤めていたが、その後、ブルガリア育ちのアリはボアジチ大学、シェリフはコジャエリ大学で教授になった。女性研究者のオーヤさんはコジャエリ大学の教授になった後、退職して、今はマラソンランナー。ナーズはドイツ人研究者と結婚。ヌルジャンは、ウィーンの原子力研究機関（CTBTO）で専門家として活躍しているという。最後にウスラットのことを尋ねると、日本企業に就職したとのことだった。彼らとも近いうちに是非再会したい。

（4）アザーンの大合唱

仕事があるからと言ってムスタファは大学へもどった。私はひとりでスルタンアーメットモスク（ブルーモスク）とアヤソフィアを三一年ぶりに訪ねた。一七世紀初頭に建立されたブルーモスクでは、今も変わらずイスラム教徒がお祈りを捧げていた。広い広場を挟んで、このモスクとアヤソフィアは向き合っている。アヤソフィアは四世紀に東ローマ帝国のキリスト教（ギリシャ正教）の

写真 134：聖堂内のキリストの壁画（2019 年）

写真 135：聖堂内部（2019 年）

写真 136：聖堂の入り口の凹んだ敷居（2019 年）

写真 137：聖堂の大理石の床面にはくっきりと文様が浮かぶ（2019 年）

教会（ハギアソフィア）として献堂され、オスマン・トルコにより一四五三年にモスクにされた。第一次世界大戦に敗れた後、トルコは西欧列強に分割されたが、一九三四年にアタチュルクによって独立が果たされ、その翌年、アヤソフィアは博物館となった。

そして今では多くの観光客を受け入れている。国籍はさまざまで、東洋人としては韓国人や中国人が多い。天井の壁画にはキリスト教の聖画が描かれているが、イスラムの祈禱台もあり、全体の歴史的保存を進める大がかりな改修工事も進んでいた。

ふと足元の床面を見て感動した。そこには大理石の模様が浮き立っている。これほど磨かれるまでに、どれほどの人がこの床を踏んだのだろうか。玉《ぎょく》が磨かれて文様が浮き立つ。それを「理《あや》」というのだと聞いたことがある。磨き上げてやっと見えてくる理《あや》。地球のそれを見つける学問が地理学なのだ、と。

聖堂への入り口の敷居も大理石でできているが、激しくすり減っている。長い年月の間、多くの人々を受け入れ、踏まれ、凹んだ敷居だ。

感動を胸にアヤソフィアを出てトラムの駅まで来たとき、周辺のモスクからアザーンの大声が鳴り響いた。コーランの一節を謳い上げるアザーンは、最初にひとつのモスクから呼びかけられた。するとそれに応えるように別のモスクからもアザーンが流れる。モスクがたくさん集まっているため、あちらこちらからの大合唱になり、三六〇度、アザーンに包まれた。すぐとなりをトラムがチンチン鳴らしながら疾走し、多くの人や車が行き交う。私は夕日を浴びながら、アザーンが終わるまでじっとそこにたたずんだ。

私が訪れた翌年（二〇二〇年）の七月、アヤソフィアに大きな変化があった。エルドアン大統領がアヤソフィアを再びモスクにすると宣言した。あの大理石の床に再び絨毯が敷かれ、大勢のトルコ人がひれ伏す光景がもどることだろう。そしてアヤソフィアも八五年ぶりにアザーンの競演に参加するに違いない。

エピローグ

「トルコ民族はモンゴル高原から出て西の端へ来た。日本人は東の端へ行った民族。だから我々は兄弟なんだ」とニコニコしながら話してくれたトルコのご老人が忘れられない。教育の影響も強いと思われるが、友好的感情の根幹にルーツの共通性があるとしたらおもしろい。近隣国だといざこざが起きやすいが、距離があると頼りたくなるのかもしれない。

私にとって二〇代で経験したトルコとの出会いは大きかった。なんといっても初めての異国であり、地理学に興味を持っていた私は、ボスフォラス海峡やイスタンブールの街並みやアナトリアの風土に魅了された。そしてその国の人々と打ち解け、楽しい時間を共有できたという満足感は何より貴重だった。その後、気を良くして、どこの国へ行っても友好関係を築けるのではないかという思いにつながった。一九九二年から中国、九三年から韓国、九五年からサハリン、九九年から台湾へ、断層調査のためにそれぞれ数年間ずつ通った。こうした研究テーマそのものをもらったのも今思えばトルコ調査からだった。

最近、私はモンゴルへ頻繁に通っている。モンゴルも地震国だからである。二〇世紀前半にモンゴルではマグニチュード八クラスの地震が連発した。二〇一八年に我々は、ウランバートル近郊に大きな活断層を発見し、モンゴルと共同研究を進めている。

作家の司馬遼太郎氏はモンゴルに関する作品の中で、「あの連中（トルコ人）はここから出て向こう（西）へ行った」（草原の記）とか、「我々は日本人の祖先だ」（モンゴル紀行）というモンゴル人の言葉を紹介している。確かに、モンゴル人の顔立ちに日本人のルーツを感じることもある。モンゴル国内では六～八世紀に古代チュルク語で書かれた突厥碑文が数多く発見され、トルコ人のルーツもまたここにあることも確かめられている。いつの日か、日本とトルコの中間にあるモンゴルに三ヶ国の研究者が集まり、防災に関する友好的な共同研究をはじめるきっかけを作りたい。

還暦を迎えた今、若い頃のトルコとの出会いに感謝し、これまで支えていただいた多くの方々に御礼を申し上げたい。二〇代の頃に初めて書いたエッセイを、当時、月刊雑誌「地理」に掲載してくださり、本書への再録をお認めいただいた古今書院の橋本寿資社長、当時編集を担当された関田伸雄氏、関秀明氏、新たな書籍刊行のお世話をいただいた風媒社の林桂吾氏、トルコ調査の機会をいただいた東京工業大学名誉教授 本蔵義守先生、奈良大学教授 池田安隆先生、共同調査でお世話になった先生方、さらに、長年の研究生活を支えてくれた家族や親戚、応援していただいた恩師、日本・トルコ両国の友人に感謝の意を表します。

[著者紹介]

鈴木康弘（すずき・やすひろ）
名古屋大学減災連携研究センター教授
1961年愛知県岡崎市生まれ
東京大学大学院理学系研究科博士課程修了
専門：変動地形学、災害地理学
日本学術会議連携会員、国際地理学連合（IGU）日本委員会委員長、地震調査研究推進本部専門委員、国土地理院活断層情報整備委員会委員、原子力規制委員会外部有識者、名古屋大学災害対策室長、総長補佐等を歴任。
自然地理学の基礎研究を進めると同時に、活断層研究を通じて地震防災に取り組み、日本活断層学会の創設を呼びかけ、事務局長を担う。また、活断層自治体連携会議を立ち上げ、世話人を務める。モンゴル、サハリン、トルコ、台湾、韓国、中国などで活断層調査を行い、近年はモンゴル国立大学内にレジリエンス共同研究センターを立ち上げ、JICA草の根技術協力事業も進める。
おもな著作：「おだやかで恵み豊かな地球のために－地球人間圏科学入門」古今書院, 2018（共編著）、「レジリエンスと地域創生」明石書店, 2015（共編著）、「防災・減災につながるハザードマップの活かし方」岩波書店, 2015（編著）、「原発と活断層－想定外は許されない－」岩波書店, 2013（単著）、「活断層大地震に備える」ちくま新書, 2001（単著）、“Active Faults and Nuclear Regulation”, Springer, 2020（単著）、“Resilience and Human History”, Springer, 2020（分担執筆）、“Human Geoscience”, Springer, 2019（分担執筆）、“Disaster Resilient Cities”, Elsevier, 2016（共編著）

［カバー写真］
表＝（上）金閣湾越しにガラタ塔を望む（2019年）
（左下）シルケジ駅から東欧を目指す筆者（1988年）
（右下）カッパドキアに近いネブシェヒール（1988年）

裏＝イズニックで調査中に子供たちに囲まれる
（右側の白い帽子が筆者、1988年）

ボスフォラスを越えて―激動のバルカン・トルコ地理紀行

2021年12月5日　第1刷発行　（定価はカバーに表示してあります）

著　者　鈴木 康弘

発行者　山口 章

発行所　名古屋市中区大須1丁目16番29号
電話 052-218-7808　FAX052-218-7709
http://www.fubaisha.com/
風媒社

乱丁・落丁本はお取り替えいたします。　＊印刷・製本／シナノパブリッシングプレス
ISBN978-4-8331-3185-8